企业高技能人才职业培训系列教材

城轨接触网检修工 CHENGGUIJIECHU WANGJIAN XIUGONG（三级）

编审委员会

主　　任　仇朝东
委　　员　顾卫东　葛恒双　葛　玮　孙兴旺　刘汉成
执行委员　孙兴旺　瞿伟洁　李　晔　夏　莹　叶华平　李　益　杜晓红

主　　编　周　炜
副 主 编　李跃进
编　　者　高威军　徐　磊　汤赛舟
主　　审　刘　刚

中国劳动社会保障出版社

图书在版编目(CIP)数据

城轨接触网检修工：三级/人力资源和社会保障部教材办公室等组织编写. —北京：中国劳动社会保障出版社，2016

企业高技能人才职业培训系列教材

ISBN 978－7－5167－2414－9

Ⅰ. ①城…　Ⅱ. ①人…　Ⅲ. ①城市铁路-接触网-维修-职业培训-教材　Ⅳ. ①U239. 5

中国版本图书馆 CIP 数据核字(2016)第 044784 号

中国劳动社会保障出版社出版发行

（北京市惠新东街 1 号　邮政编码：100029）

*

三河市华骏印务包装有限公司印刷装订　新华书店经销

787 毫米×1092 毫米　16 开本　12. 75 印张　216 千字

2016 年 3 月第 1 版　2016 年 3 月第 1 次印刷

定价：31. 00 元

读者服务部电话：（010）64929211/64921644/84626437

营销部电话：（010）64961894

出版社网址：http://www. class. com. cn

版权专有　侵权必究

如有印装差错，请与本社联系调换：（010）50948191

我社将与版权执法机关配合，大力打击盗印、销售和使用盗版图书活动，敬请广大读者协助举报，经查实将给予举报者奖励。

举报电话：（010）64954652

内容简介

本教材由人力资源和社会保障部教材办公室、中国就业培训技术指导中心上海分中心、上海市职业技能鉴定中心、上海申通地铁集团有限公司轨道交通培训中心依据城轨接触网检修工（三级）职业技能鉴定细目组织编写。教材从强化培训操作技能，掌握实用技术的角度出发，较好地体现了当前最新的实用知识与操作技术，对于提高从业人员基本素质，掌握城轨接触网检修工（三级）的核心知识与技能有直接的帮助和指导作用。

本教材既注重理论知识的掌握，又突出操作技能的培训，实现了培训教育与职业技能鉴定考核的有效对接，形成一套完整的城轨接触网检修工培训体系。本教材内容共分为 3 章，主要包括接触网设备计算与分析、接触网设备安装、接触网施工作业。

本教材可作为城轨接触网检修工（三级）职业技能培训与鉴定考核教材，也可供本职业从业人员培训使用，全国中、高等职业技术院校相关专业师生也可以参考使用。

企业技能人才是我国人才队伍的重要组成部分，是推动经济社会发展的重要力量。加强企业技能人才队伍建设，是增强企业核心竞争力、推动产业转型升级和提升企业创新能力的内在要求，是加快经济发展方式转变、促进产业结构调整的有效手段，是劳动者实现素质就业、稳定就业、体面就业的重要途径，也是深入实施人才强国战略和科教兴国战略、建设人力资源强国的重要内容。

国务院办公厅在《关于加强企业技能人才队伍建设的意见》中指出，当前和今后一个时期，企业技能人才队伍建设的主要任务是：充分发挥企业主体作用，健全企业职工培训制度，完善企业技能人才培养、评价和激励的政策措施，建设技能精湛、素质优良、结构合理的企业技能人才队伍，在企业中初步形成初级、中级、高级技能劳动者队伍梯次发展和比例结构基本合理的格局，使技能人才规模、结构、素质更好地满足产业结构优化升级和企业发展需求。

高技能人才是企业技术工人队伍的核心骨干和优秀代表，在加快产业优化升级、推动技术创新和科技成果转化等方面具有不可替代的重要作用。为促进高技能人才培训、评价、使用、激励等各项工作的开展，上海市人力资源和社会保障局在推进企业高技能人才培训资源优化配置、完善高技能人才考核评价体系等方面做了积极的探索和尝试，积累了丰富而宝贵的经验。企业高技能人才培养的主要目标是三级（高级）、二级（技师）、一级（高级技师）等，考虑到企业高技能人才培养的实际情况，除一部分在岗培养并已达到高技能人才水平外，还有较大一批人员需要从基础技能水平培养起。为此，上海市将企业特有职业的五级（初级）、四级（中级）作为高技能人才培养的基础阶段一并列入企业高技能人才培养评价工作的总体框架内，以此进一步加大企业高技能人才培养工作力度，提高企业高技能人才培养效果，更好地实现高技能人才培养的总体目标。

为配合上海市企业高技能人才培养评价工作的开展，人力资源和社会保障部教材办公室、中国就业培训技术指导中心上海分中心、上海市职业技能鉴定中心联合组织有关行业和企业的专家、技术人员，共同编写了企业高技能人才职业培训系列教材。本教材是系列教材中的一种，由上海申通地铁集团有限公司轨道交通培训中心负责具体编写工作。

企业高技能人才职业培训系列教材聘请上海市相关行业和企业的专家参与教材编审工作，以“能力本位”为指导思想，以先进性、实用性、适用性为编写原则，内容涵盖该职业的职业功能、工作内容的技能要求和专业知识要求，并结合企业生产和技能人才培养的实际需求，充分反映了当前从事职业活动所需要的核心知识与技能。教材可为全国其他省、自治区、直辖市开展企业高技能人才培养工作，以及相关职业培训和鉴定考核提供借鉴或参考。

新教材的编写是一项探索性工作，由于时间紧迫，不足之处在所难免，欢迎各使用单位及个人对教材提出宝贵意见和建议，以便教材修订时补充更正。

企业高技能人才职业培训系列教材

编审委员会

第 1 章　接触网设备计算与分析

第3章 接触网施工作业

第1章 接触网设备计算与分析

学习目标

- ✔ 掌握接地、弓网关系的概念；了解直流牵引供电系统的接地概念及其过电压与保护措施。
- ✔ 掌握基准与公差的概念；了解装配图等的尺寸标注和要求。
- ✔ 掌握当量跨距、支柱负荷的计算和选取方法；了解支柱负载的计算。
- ✔ 掌握受力分析基础和横跨与受力分析；了解线索的负荷与受力计算方法。
- ✔ 掌握软硬横跨的安装高度及其节点的计算方法；了解软横跨结构的组成及其相关参数。
- ✔ 掌握环境对接触网的影响因素；了解接触网各类负荷的计算方法。

1.1 接地与过电压保护

知识要求

1.1.1 接地的分类

1. 按保护对象分类

在电力系统中，接地是用来保护人身及电力、电子设备安全的重要措施。根据所保护对象的不同接地一般可分为两类：

(1) 保护性接地。

(2) 设备安全性接地。

2. 按保护的功能分类

(1) 保护接地。将设备的外露导体部分接地称为保护接地，其目的是为了防止电气设备绝缘损坏或产生漏电时导致平时不带电的外露导体部分带电，人不小心触及而产生电击。

(2) 防雷接地。为防止雷电过电压对人身或设备产生危害而设置的过电压保护设备的接地称为防雷接地，如避雷针、避雷器的接地。

(3) 防静电接地。为消除静电对人身和设备产生危害而进行的接地称为防静电接地，如将某些输送液体或气体的金属管道或车辆接地。

(4) 防电蚀接地。它是在地下埋设金属体作为牺牲阳极或阴极，保护与之连接的金属体的接地，如金属输油管。

3. 按工作要求分类

（1）工作接地。为满足电力系统或电气设备的运行要求将电力系统的某一点进行接地，称为工作接地，如电力系统的中性点接地。

（2）逻辑接地。为了获得稳定的参考电位，将电子设备中的适当金属件作为参考零电位，需获得零电位的电子器件接在此金属件上，这种接地称为逻辑接地。

（3）屏蔽接地。为防止电气设备因受到电磁干扰影响其工作或对其他设备造成电磁干扰而将金属壳或金属网进行的接地。

（4）信号接地。为保证信号具有稳定的基准电位而设置的接地。

1.1.2 直流供电系统的接地

1. 直流牵引供电系统的接地

直流牵引供电系统所输出的是带有极性的电源，所以不采用接地系统，属于工作和保护性接地。它的设备包括整流器、正负极闸刀、直流高速开关、触网闸刀、接触网系统、轨道电动列车及其牵引系统、钢轨、牵引直流供电回流系统、单向导通装置、迷流防护装置等（见图1—1）。其中整流器、正负极闸刀、直流高速开关是变电站内的直流设备，其外框架与大地之间也用绝缘衬垫隔离，集中一点接地便于监视。

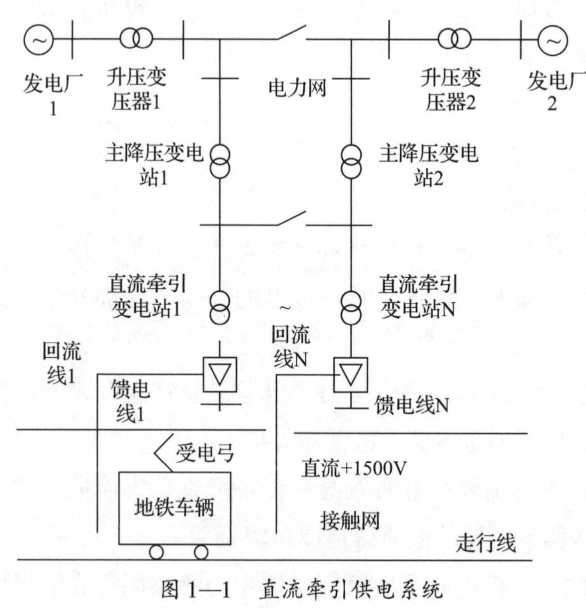

图1—1 直流牵引供电系统

2. 直流牵引供电负极对地关系

钢轨作为直流系统的负极与大地之间不接地（车场、车辆段、隧道、高架桥等特殊地段的轨道除外），且有绝缘衬垫，使得回流电流能够经过回流电缆回到牵引站整流器的负端，构成一个供用电的完整回路。

地铁系统的钢轨不但起到列车导轨和传输信号的作用，同时还是牵引电流回流轨，使列车电流经钢轨回流到牵引变电所的整流器负极。在回流电流沿钢轨传输的过程中，由于钢轨与地之间有泄漏电阻，总有少部分牵引电流回流泄漏至地下，所以在车场、车辆段、隧道、高架桥等特殊地段的轨道上需设置绝缘接头，以防止回流电流通过这些特殊地段泄漏至地下。其目的是为了尽量减少杂散电流并缩小杂散电流影响的范围，从而减小杂散电流对结构钢筋的腐蚀。在采用绝缘接头的钢轨部位，当有机车运行时，为了保证回流电流的正常流动，必须采用单向导通装置将其接于地铁轨道设置的绝缘结处，用于连接绝缘接头两端的钢轨，使钢轨中电流只流通一个方向而在另一个方向截止，有效防止钢轨电流因部分钢轨绝缘水平较差而增加整个地铁杂散电流泄漏的数量。因此，一般在正线与停车场线路走行轨之间、停车场各电化库的库内线路与库外线路走行轨之间安装单向导通装置。停车场与正线钢轨之间的单向导通装置是将停车场与正线的钢轨回流隔离，阻止正线钢轨回流流入停车场，而停车场内的钢轨回流通过单向导通装置流入正线钢轨回流系统。

3. 接地装置及接地电阻的要求

接地装置包括接地体（极）和接地线，接地装置各部分间应保证可靠的电气连接。各种接地装置均需要用电阻测量仪进行接地电阻测量。城轨接触网中的各种接地装置是保证接触网设备安全运行、维护人员及行人人身安全的重要设施，接触网上的避雷器应用最短的接地线与主接地网连接，各种接地电阻值要越小越好。

接地电阻要求：电源容量小于等于 100 kV · A 的变压器或发电机的工作接地，R 不大于 10 Ω；100 kV · A 以及以下低压配电系统的零线重复接地，R 不大于 10 Ω；当重复接地有 3 处以上时，R 小于 30 Ω；电气设备不带电金属部分的保护接地，R 不大于4 Ω。

1.1.3 过电压的分类与保护

1. 雷电过电压

雷电过电压与气象条件有关，是由电力系统外部原因造成的，因此又称为大气过电压或外部过电压。一般把电力系统的雷电过电压分为直接雷击过电压、雷电反击过电压、感应雷过电压以及雷电侵入波过电压。其中由雷电引起的过电压称为大气过电压。架空电力线路或输变电设备附近发生打雷时，强大的雷电流通过电磁感应在电力线路和电气设备上也感应产生一个很高的电压，形成过电压，使电力线路和电气设备击穿损坏。防治直接雷的措施是采用独立避雷针或避雷线；防治感应雷的措施是安装避雷器或调整放电间隙。

2．内部过电压

由于操作、事故或其他原因引起系统的状态发生突然变化，将出现从一种稳定状态转变为另一种稳定状态的过渡过程，在这个过程中可能产生对系统有危险的过电压。这些过电压是由系统内电磁能的振荡和积聚引起的，所以称为内部过电压。例如，电力系统中内部操作或故障引起的过电压就属于内部过电压。

内部过电压保护设备是避雷器或阻容吸收装置，其一端接在相线上，另一端接地，当内部过电压超过避雷器的放电值时，避雷器被击穿，从而保护电气设备绝缘不被损坏。无间隙金属氧化物避雷器能承受所在系统暂时过电压和操作过电压能量的作用。

3．过电压保护

过电压保护就是当电压超过预定最大值时，使电源断开或使受控设备电压降低的一种保护方式。避雷器、阻容吸收装置、浪涌保护器、击穿保险器、接地装置等是常用的过电压保护装置。其中以避雷器最为重要。

电磁铁、电磁吸盘等大功率电感负载及直流继电器等在通断时会产生较高的感应电动势，可使电磁线圈绝缘击穿而损坏，因此必须采用过电压保护措施。

4．钢轨电位过电压及其限制装置方案

在直流牵引系统中，由于操作电流和短路电流的存在，或是在直流大双边越区供电情况下，因回流距离长，电阻大，走行轨对地电位将高于正常双边供电，可能会引起回流回路和大地间产生超出安全许可的接触电压。在此情况下，就需要在回流回路与大地间装配一套钢轨电位限制装置（见图1—2），以限制运行轨的电位，避免超出安全许可的接触电压的产生。

如图1—2所示，钢轨电位限制装置可以不断地监测钢轨对大地的电位。

5．钢轨电位限制的功能

（1）当电位差大于设定电压的U>值（90 V）时，经0.8 s延时后，合闸线圈失电，接触器合闸，同时柜体面板上的U>指示灯亮起，走行轨与大地短接，经过10 s延时且短路电流小于设定值时，线圈得电，接触器复归。在60 s内发生三次U>动作，接触器将合闸并闭锁，同时面板上的闭锁指示灯亮起，可以就地或远方复归。

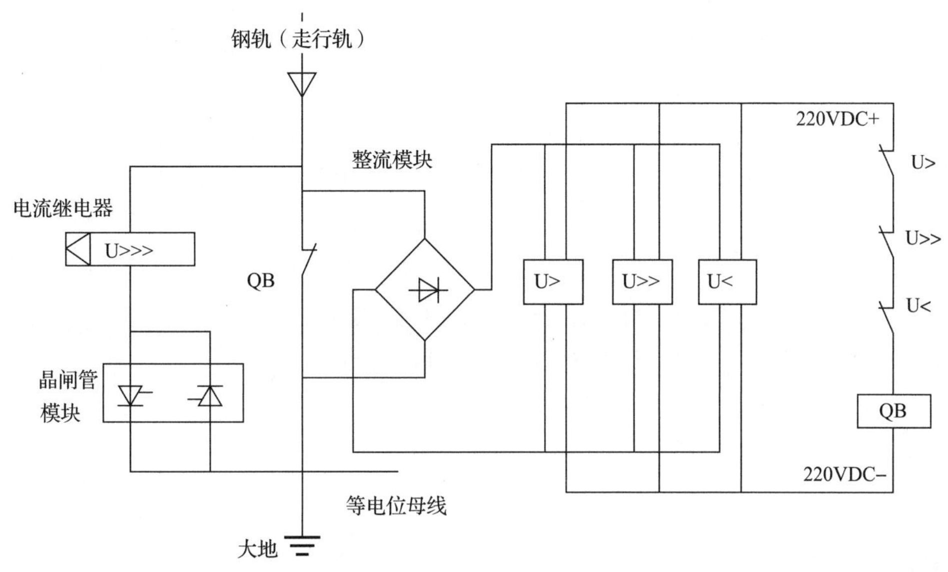

图 1—2　钢轨电位限制装置原理

（2）当电位差大于设定电压的 U>> 值（150 V）时，无延时，合闸线圈失电，接触器合闸并闭锁，同时柜体面板上的 U>> 指示灯及闭锁指示灯亮起，走行轨与大地短接，且不会延时复归，需就地或远方复归。

（3）当电位差大于设定电压的 U>>> 值（600 V ± 50 V）时，无延时，晶闸管回路首先导通，使钢轨与大地短路，然后电流继电器动作，使合闸线圈失电，接触器合闸并闭锁，此时晶闸管回路立即断开，同时柜体面板上的 U>>> 指示灯及闭锁指示灯亮起，U>>> 无法远方复归，只能打开高压室门按动电流继电器上的红色复归按钮及面板上的复位按钮，钢轨电位限制装置才能恢复正常运行。

（4）当电位差小于设定电压 U < 值（5 V）且保持一段时间（24 h）后，钢轨电位限制装置中的 PLC 将认为装置控制回路出现故障，致使合闸线圈失电，接触器闭合并且闭锁，同时，面板上的装置故障指示灯及闭锁指示灯亮起，可就地按下面板上的复位按钮来复归钢轨电位。这四种功能的简单比较见表 1—1。

除了以上所说的四项功能外，钢轨电位限制装置还可实现以下功能：

（5）控制电源失电。图 1—2 中的钢轨电位限制装置的控制回路采用闭环原理，保证一旦控制电源发生故障，装置会自动将钢轨与大地有效短接。这样，在控制电源发生故障时，人员及设施安全得到保障。控制电源的失压能通过远程信号传递。

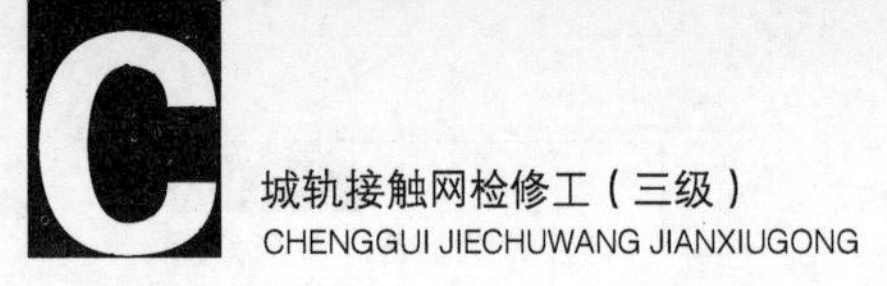

表 1—1　　　　　　　　　　　钢轨电位限制功能表

功能	定值电压	动作类型	动作过程	复位情况	备注
一段电压保护 U >	90 V	合接触器	当检测电压大于 90 V 时，动作延时 0.8 s 后将接触器闭合，闭合 10 s 后自动复归。如果在 60 s 内动作三次，接触器闭锁	动作后经过延时自动复归；闭锁后必须就地复归或远方复归	就地复归的方法是按下面板上的“闭锁/复位”带灯按钮
二段电压保护 U>>	150 V	合接触器	当检测到电压大于 150 V 时，无延时动作闭合接触器，接触器闭锁。动作后必须手动复归	允许就地复归或远方复归	
三段电压保护 U>>>	（600 ± 50）V	晶闸管导通 + 合接触器	当检测到电压大于（600 ± 50）V 时，晶闸管首先导通，电流继电器使接触器无延时动作闭合，动作后必须手动复归	首先复归电流继电器上的红色按钮，然后才允许就地复归	
低电压保护 U <	5 V	故障报警	当检测到电压小于 5 V 时，经 24 h 延时后，系统报故障（“装置故障”“闭锁/复位”指示灯都亮），同时闭锁输出。需按下复位按钮手动复归	必须就地复归	

（6）钢轨电位与框架电压保护的配合。直流框架电压保护用来保护直流设备正极碰壳或对地绝缘损坏，可用于报警或跳闸。钢轨电位限制装置两端分别接走行轨和大地用于限制走行轨对地电位，保护人身安全。当发生直流设备正极碰壳或对地绝缘损坏时，直流框架电压保护装置内的电压元件检测设备外壳与保护接地之间的电位差，发出报警或跳闸信号。钢轨电位限制装置检测的是走行轨对地电位差，因为杂散电流在走行轨与道床之间的过渡电阻上会产生电位差，该电位差达到设定值时，钢轨电位限制装置将会动作。

钢轨电位与框架电压保护的关系：当走行轨与大地电位差超过设定值时，钢轨电位先动作，框架电压保护作为钢轨电位的后备保护。

1.1.4 接地故障的判断

1. 跳闸的概念

电气线路中的控制开关在非人为操作的情况下产生保护性的分闸断开的电路现象称为跳闸。这种动作现象是控制开关对线路和用电设备的一种保护性动作，可以及时地分断电路，避免故障或事故的继续扩大。

城轨牵引变电所所辖供电接触网一旦发生事故，继电保护装置即被事故产生的短路电流启动，自动将向接触网供电的断路器断开，以缩小事故范围，保证其他设备的安全运行和向非事故接触网线路正常供电。

2. 接触网永久接地故障的判断

当牵引变电所直流高速开关跳闸，并且联跳邻站同一供电区段的直流高速开关，跳闸电流在3 000 A以上或者更大，直流高速开关被闭锁。拉开同一供电区段两侧触网闸刀，能够成功合上两侧的直流高速开关，但合上某一侧触网闸刀后还不能成功合上相应的直流高速开关。根据跳闸电流大、直流高速开关被闭锁等情况，可以判断是金属性永久接地，且故障点在接触网。可能是由接触网线路断线接地、隔离闸刀引线脱落或断线、较严重的弓网事故、馈线断线等原因造成的。

3. 接触网断续接地故障的判断

牵引变电所直流高速开关跳闸，并且联跳邻站同一供电区段的直流高速开关，跳闸电流在3 000 A左右或者较小，直流高速开关进入重合闸程序后分两种情况：一是被闭锁，那么可以判断是非金属性接地，故障点在哪里需要进一步判断；二是重合闸成功，继续运行，但不久又跳闸，重复刚才的情况。针对故障进行判断，拉开同一供电区段两侧触网闸刀能够成功合上两侧的直流高速开关，但先后合上两侧触网闸刀后则不能成功合上相应的直流高速开关。根据跳闸电流不大，直流高速开关进入重合闸程序等情况，可以判断是非金属性接地，且故障点在接触网，一般是由绝缘部件瞬时闪络、电击人身或动物等原因造成的。

4. 接触网短时接地故障的判断

牵引变电所直流高速开关跳闸，并且联跳邻站同一供电区段的直流高速开关，跳闸电流在3 000 A以下或者更小，重合闸成功，能够继续运行。根据跳闸电流不大、直流高速开关进入重合闸程序等情况，可以判断是非金属性接地，且故障点在接触网或上网电缆，一般是由绝缘部件瞬时闪络、电击人身或动物等原因造成的。

1.1.5 非正常电流

接触网在运行的过程中由于受到季节、环境、设备结构等因素的影响，使得接触网结构中某些不应有电流通过的地方却由于某些条件的巧合通过了全部或部分牵引电流，这部分电流就是非正常电流。它会造成相应的导电截面积减小，阻抗增大，温升过大，以致烧损烧毁接触网中某一点，造成接地短路，酿成事故，具体情况分析如下。

1. 接触网故障与季节和设备所处环境的关系

（1）接触网故障与季节的关系。当大雾或雾霾、阴雨及雨雪交加时易发生接触网绝缘闪络故障，应重点查找隧道及污秽严重处所；当发现避雷器火花间隙击穿时，对该支柱或与该支柱接地母线连接的相关绝缘部件进行仔细检查。

（2）接触网故障与其设备所处环境的关系。地下隧道靠近地面隧道的接触网，因此所处环境温湿度变化较大，接触网设备表面易结露，且易产生污秽。处于地下隧道的接触网，因地下粉尘不易排出且极易沾上接触网而发生闪络。而处于地面的接触网更易遭受冰、霜、风、雨、雪、雾等恶劣气象条件的影响，故障率可能会高于地下隧道的接触网。当牵引变电所直流高速开关跳闸时，可根据故障跳闸电流的大小来查找故障点，哪一侧故障电流大，就从那一侧开始检查，以便缩小查找的范围。

2. 电气连接中的电流

接触网主导电回路，由承力索、接触线、附加导线、隔离闸刀及其引线、分段绝缘器、电连接等设备组成，这些设备之间通过各种型号的线夹连接，总称为电气连接。在这些电气连接的设备当中可以流过正常的牵引电流，但在接触网线路的日常运营中，由于施工不严格，设计裕量不足，检修工艺不当，连接线夹在长期机械振动下松动，且受到外界污染等因素的影响，导致电气连接部位接触不良，连接处过热，导流不畅，绝缘性能下降，接触电阻增大，长期运行下去将会加剧这些现象，造成主导电回路不闭合，导电通道迂回，局部载流量过大，零部件分流严重，使一些不具备导流能力的零部件过流，导致烧伤、烧毁，从而引发供电故障。

3. 接触网结构中的非正常电流转换

在设计中，接触网结构中某些不应有电流通过的地方由于某些条件的巧合通过了全部或部分牵引电流，这就是非正常转换电流。由于这些地方没有保证牵引电流（或其分流）通过的必要的电气连接，所以会烧伤接触网设备。

技能要求

避雷器（氧化锌避雷器）的故障判定及处置

操作要求

针对引线脱落、脱扣器松动、引线和地线安全距离过小、引线与避雷器接线松动等故障进行判定及处置。

操作步骤

步骤1　设备调整。

（1）拧开引线端固定装置，检查固定装置是否完好，装置完好则拧紧引线。

（2）检查脱扣器底部支架及上部接线，拧紧底部支架固定螺栓。

（3）调整引线或地线敷设路径，扩大两者的安全距离至100 mm以上（要求在极限温度时也能满足绝缘距离）。

（4）复测引线和地线的安全距离，在适当处进行固定，以防安全距离改变。

（5）工作结束后由工作负责人对人员、工器具及材料进行清点。

（6）拆除接地线，作业人员撤离现场。

步骤2　设备更换。

（1）进行验电接地。

（2）安装前对新避雷器进行检测。

（3）将测试数据和安装位置填写到测试表中。

（4）拆除旧避雷器。

（5）安装新避雷器。

（6）检查引线和地线，注意复检安全距离。

（7）工作结束后由工作负责人对人员、工器具及材料进行清点。

（8）拆除接地线，作业人员撤离现场。

质量标准

1．避雷器（见图1—3）常规测试直流须达到1 mA，参考电压应大于2.67 kV。

2．75%持续电流应不大于20 μA。

3．避雷器脱扣器无损坏。

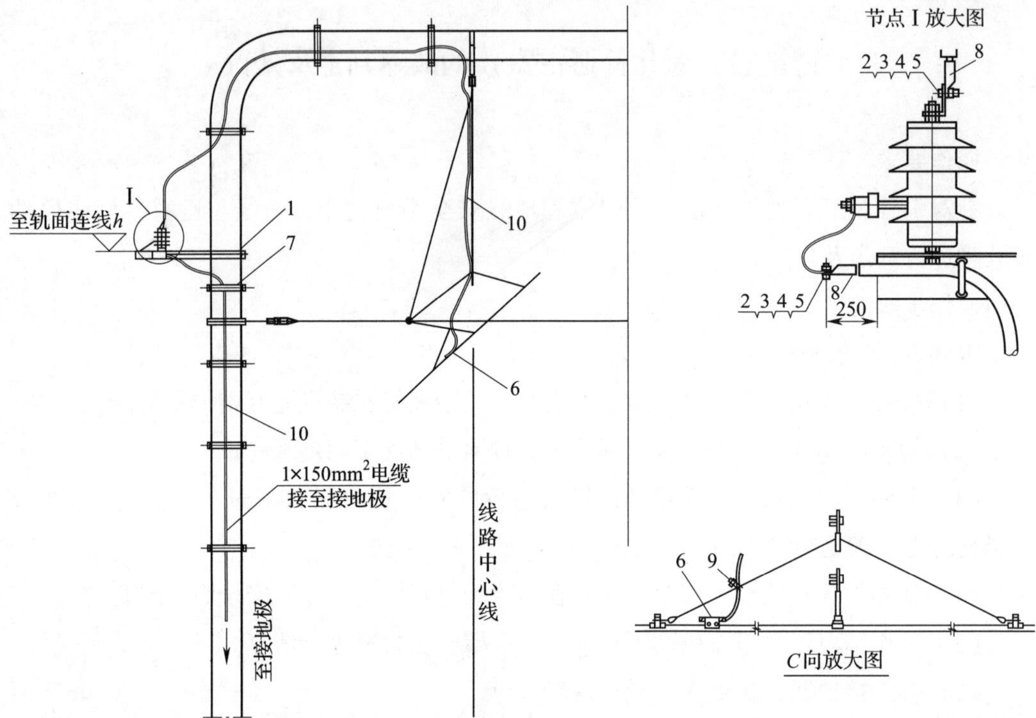

序号	代号	名称	材料	单位	数量
1	CJL92—2005	避雷器底座	Q235A	套	1
2	GB/T 5783—2000	螺栓 M12×60	0Cr18Ni9	件	2
3	GB/T 6170—2000	螺母 M12	1Cr18Ni9	个	2
4	GB/T 97. 1—2002	垫圈 12	Cr18Ni9	个	4
5	GB/T 93—1987	垫圈 12	65Mn	个	2
6	CJL204（B）—2002	GDC（B）型电连接线夹	T2	套	1
7	CJL439—2004	电缆抱箍	Q235A	套	7
8	GB 9327—2008	DTG－185 型铜接线端子	T2	件	2
9	CJL290（C）—2002	U 形卡箍	Q235A	套	10
10		150 mm² 软电缆	多股软铜线	根	2

图 1—3　避雷器

1.2　机械制图

知识要求

1.2.1　基准

零件的尺寸基准是指零件装配到机器上或在加工、装夹、测量和检验时，用以确定其位置的一些面、线或点，如图1—4所示。$C-A$ 间尺寸距离为 c，精度为 Δc；$D-A$ 间尺寸距离为 d，精度为 Δd；表面 C 和 D 都以 A 为参照来控制精度，即面 A 为基准。根据基准的作用不同，一般将基准分为设计基准和工艺基准，为了减少误差、保证设计要求，应尽可能使设计基准和工艺基准一致。

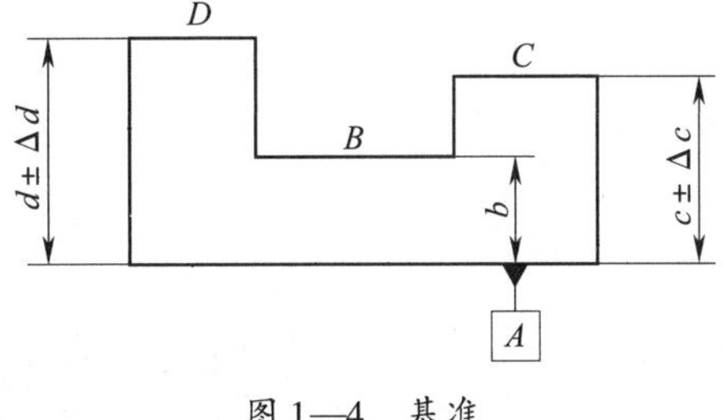

图1—4　基准

1.2.2　公差

公差分为标准公差和基本偏差。为便于生产，实现零件的互换性及满足不同的使用要求，国家标准《极限与配合》规定了公差带由标准公差和基本偏差两个要素组成。标准公差确定公差带的大小，而基本偏差确定公差带的位置，如图1—5所示。

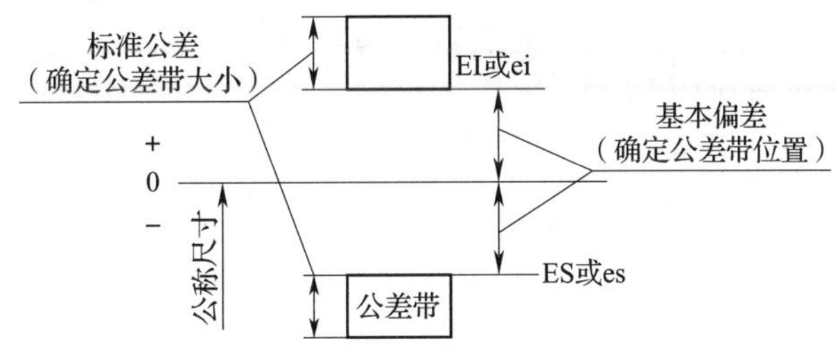

图1—5　公差示意图

（1）标准公差。标准公差的数值由公称尺寸和公差等级来决定。其中公差等级是确定尺寸精确程度的标记。标准公差分为20级，即IT01、IT0、IT1…IT18。其尺寸精确程度从 IT01 到 IT18 依次降低。标准公差的具体数值见有关标准。

（2）基本偏差。基本偏差是指在标准的极限与配合中，确定公差带相对零线位置的上极限偏差或下极限偏差，一般指靠近零线的那个偏差。当公差带在零线的上方时，基本偏差为下极限偏差；反之，则为上极限偏差。基本偏差共有 28 个，代号用拉丁字母表示，大写为孔，小写为轴。从基本偏差系列图中可以看出：孔的基本偏差 A ~ H 和轴的基本偏差 k ~ zc 为下极限偏差，孔的基本偏差 K ~ ZC 和轴的基本偏差 a ~ h 为上极限偏差，JS 和 js 的公差带对称分布于零线两边，孔和轴的上、下极限偏差分别都是 + IT/2、 - IT/2。基本偏差系列图只表示公差带的位置，不表示公差的大小，如图 1—6 所示。因此，公差带一端是开口，开口的另一端由标准公差限定。

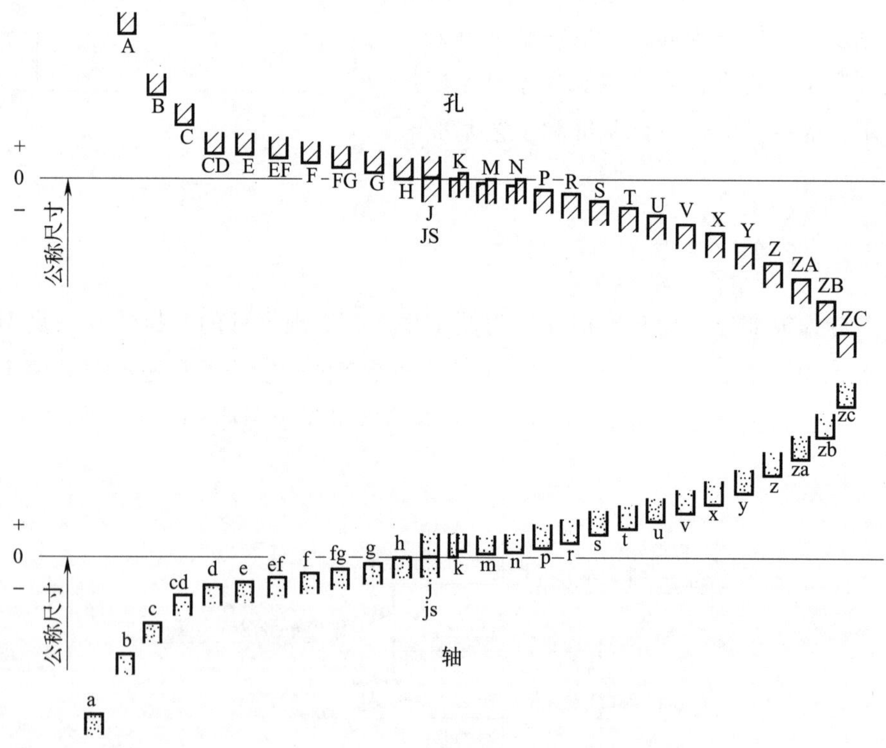

图 1—6　基本偏差和标准公差

根据尺寸公差的定义有以下的计算式：ES = EI + IT 或 EI = ES - IT；ei = es - IT 或 es = ei + IT。孔和轴的公差带代号用基本偏差代号与公差带等级代号组成。

1.2.3 配合

公称尺寸相同的、相互结合的孔和轴公差带之间的关系称为配合。根据使用要求的不同，孔和轴之间的配合有松有紧。国标规定配合种类有以下几种：

1. 间隙配合

孔与轴装配时，有间隙（包括最小间隙等于零）的配合。孔的公差带在轴的公差带之上。

2. 过渡配合

孔与轴装配时，可能有间隙或过盈的配合。孔的公差带与轴的公差带互相交叠。

3. 过盈配合

孔与轴装配时有过盈（包括最小过盈等于零）的配合。孔的公差带在轴的公差带之下。

1.2.4 基准制

在制造配合的零件时，使其中一种零件作为基准件，它的基本偏差一定，通过改变另一种非基准件的基本偏差来获得各种不同性质配合的制度称为基准制，图1—7所示为基准制示意图。

根据生产实际的需要，国家标准规定了以下两种基准制：

1. 基孔制

基孔制是指基本偏差为一定的孔的公差带与不同基本偏差的轴的公差带形成各种配合的一种制度，如图1—7a所示。基孔制的孔称为基准孔，其基本偏差代号为H，其下极限偏差为零。

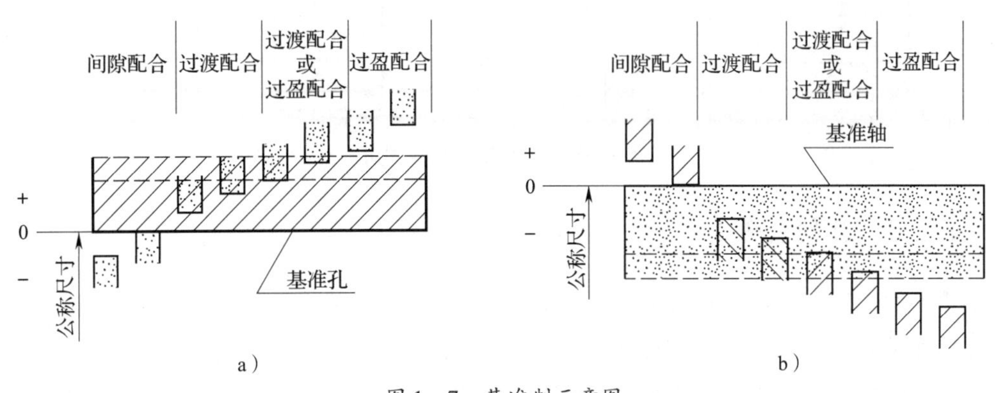

图1—7 基准制示意图

a）基孔制 b）基轴制

2. 基轴制

基轴制是指基本偏差为一定的轴的公差带与不同基本偏差的孔的公差带形成各种配合的一种制度，如图 1—7b 所示。基轴制的轴称为基准轴，其基本偏差代号为 h，其上极限偏差为零。

1.2.5 配合代号

配合代号由孔和轴的公差带代号组成，写成分数形式，分子为孔的公差带代号，分母为轴的公差带代号。凡是分子中含 H 的为基孔制配合，凡是分母中含 h 的为基轴制配合，如图 1—8 所示。

例如，ϕ25H7/g6 的含义是指该配合的公称尺寸为 ϕ25、基孔制的间隙配合，基准孔的公差带为 H7（基本偏差为 H，公差等级为 7 级），轴的公差带为 g6（基本偏差为 g，公差等级为 6 级）。

例如，ϕ25N7/h6 的含义是指该配合的公称尺寸为 ϕ25、基轴制过盈配合，基准轴的公差带为 h6（基本偏差为 h，公差等级为 6 级），孔的公差带为 N7（基本偏差为 N，公差等级为 7 级）。

极限与配合在图样上的标注如图 1—8 所示。在装配图上标注极限与配合，采用组合式注法。在零件图上的标注方法有三种形式。

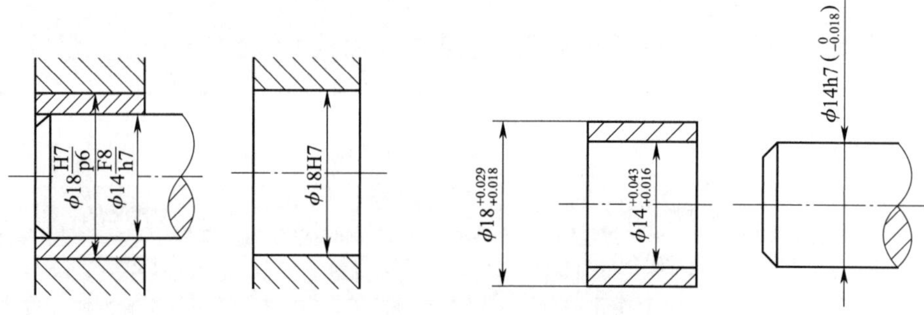

图 1—8 极限与配合示意图

1.2.6 几何公差

零件加工后，不仅存在尺寸误差，而且会产生几何形状及相互位置的误差。圆柱体即使在尺寸合格时，也有可能出现一端大，另一端小或中间细两端粗等情况，其截面也有可能不圆，这属于形状方面的误差。阶梯轴在加工后可能出现各轴段不同轴线的情况，这属于位置方面的误差。两种误差的示意如图 1—9a 所示。

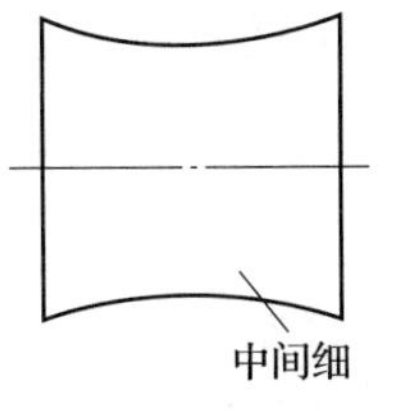

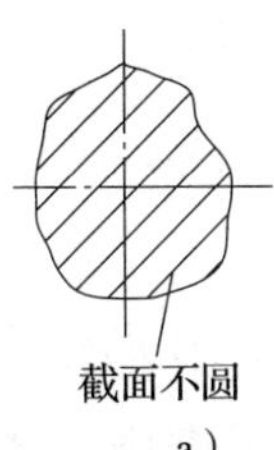

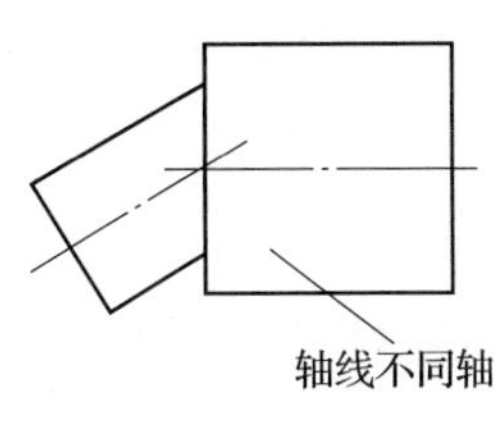

a）

公差类型	几何特征	符号
形状公差	直线度	—
	平面度	⏥
	圆度	○
	圆柱度	⌭
	线轮廓度	⌒
	面轮廓度	⌓
方向公差	平行度	//
	垂直度	⊥
	倾斜度	∠
	线轮廓度	⌒
	面轮廓度	⌓
位置公差	位置度	⌖
	同心度（用于中心点）	◎
	同轴度（用于轴线）	◎
	对称度	⌯
	线轮廓度	⌒
	面轮廓度	⌓
跳动公差	圆跳动	↗
	全跳动	⌰

b）

图1—9　几何公差示意图

a）形状误差和位置误差的示意　b）几何公差项目符号

形状公差是指实际形状对理想形状的允许变动量。位置公差是指实际位置对理想位置的允许变动量。几何公差项目符号如图 1—9b 所示。

1．几何公差的代号

国家标准 GB/T 1182—2008 规定用代号来标注几何公差。在实际生产中，当无法用代号标注几何公差时，允许在技术要求中用文字说明。几何公差代号包括几何公差各项目的符号、几何公差框格及指引线、几何公差数值和其他有关符号以及基准代号等。框格内字体的高度 h 与图样中的尺寸数字等高，如图 1—10 所示。

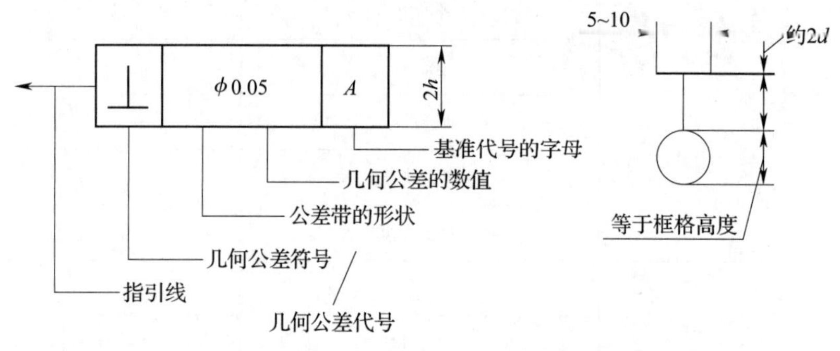

图 1—10　几何公差的代号

2．几何公差标注示例

如图 1—11 所示为一根气门阀杆的几何公差标注示例，在图中所标注的几何公差附近添加的文字，只是为了给读者做说明而重复写上的，在实际的图样中不需要重复注写。

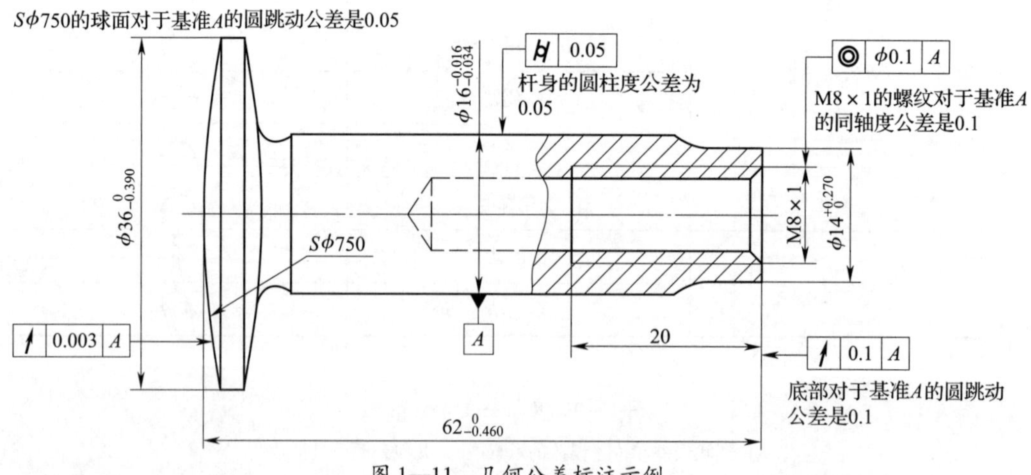

图 1—11　几何公差标注示例

在公差带图中，确定偏差的一条基准线，即零偏差线，就称为零线，通常零线表示公称尺寸。正偏差位于零线之上，负偏差位于零线之下。

1.3 接触网的安装计算

知识要求

1.3.1 接触网的当量跨距的计算和选取方法

1. 当量跨距

接触网由互相衔接的各个锚段组成，每个锚段又由大小不等的多个跨距组成。接触线在一个锚段内，各跨距长度不一定相等，但在某一气象条件下，在温度变化时，接触线借助于腕臂和定位器的偏转，定位底座顺线路方向的移动，在这种情况下，决定弛度时，有一个多大张力最合理的问题。若设在某一跨距条件下，其张力和锚段内接触线的张力相等，在此张力下，该跨距的接触线具有合理的弛度值，那么这个弛度合理时的张力称为这个锚段的当量张力，且认为接触线的张力在锚段的各跨距中近似相等。这样我们就可以计算一个跨距的接触线张力，以代表整个锚段。所谓的当量跨距是一个理想跨距，在气象条件变化时，该跨距的张力变化规律与全锚段各跨距的线索张力变化规律相同。

2. 当量跨距的计算

当量跨距由 $l_D = \sqrt{\sum_{i=1}^{n} l_i^3 / \sum_{i=1}^{n} l_i}$ 决定，其中 l_i 为计算锚段内的各个实际跨距，n 为计算锚段内的跨距数，不同的当量跨距其安装曲线不同。

3. 跨距中接触线弛度的计算方法

简单悬挂要求接触线应有较大的张力和较小的弛度，并有较好的稳定性。跨距中的接触线在任何温度下总是有弛度的，其实际长度必定大于跨距长度。在简单悬挂中，接触线的张力和弛度随气象条件变化而变化，当温度变化时，线索会发生热胀冷缩的物理变化。

链型悬挂的承力索计算与简单悬挂接触线弛度计算方法基本相同，计算公式为：

$$F_X = \frac{W_X L_2}{8Z_X}$$

式中 F_X——任意条件下的承力索弛度，m；

L_2——跨距长度，m；

W_X——任意条件下的链型悬挂归算负载，kN/m；

Z_X——任意条件下的链型悬挂归算张力，kN/m。

其中，W_X、Z_X的计算公式如下：

$$W_X = q_x + q_0 \frac{\oint T_{jx}}{T_{co}}; Z_X = T_{cx} + \oint T_{jx}$$

式中 q_x——任意气象条件下悬挂的合成负载，kN/m；

q_0——接触线无弛度时悬挂的合成负载，kN/m；

T_{jx}——任意气象条件下接触线张力，kN/m；

T_{co}——接触线无弛度时承力索的张力，kN/m；

T_{cx}——任意气象条件下承力索的张力，kN/m。

1.3.2 接触网的支柱负载的计算和选取方法

1. 支柱负载

支柱负载是指在工作状态下，支柱上所承受的垂直负载和水平负载的统称。支柱负载按其方向可分为垂直负载和水平负载。

（1）垂直负载

1）线索单位自重

①接触线 TCG－100：$g_j = 8.93 \times 10^{-3}$ kN/m。

②承力索 GJ－70：$g_c = 6.15 \times 10^{-3}$ kN/m。

2）线索单位冰负载

①接触线单位冰负载：

$$g_{jb} = \pi \times \gamma_b \times \frac{b}{2} \times \left(\frac{b}{2} + \frac{A+B}{2}\right) \times g_H \times 10^{-9} = 3.14 \times 900 \times \frac{5}{2} \times \left(\frac{5}{2} + \frac{11.8+12.81}{2}\right) \times 9.81 \times 10^{-9} = 1.026 \times 10^{-3}(\text{kN/m})$$

②承力索单位冰负载：

$$\begin{aligned} g_{cb} &= \pi \times \gamma_b \times b \times (b+d) \times g_H \times 10^{-9} \\ &= 3.14 \times 900 \times 5 \times (5+11) \times 9.81 \times 10^{-9} = 2.218 \times 10^{-3}(\text{kN/m}) \end{aligned}$$

3）吊弦及吊弦线夹的单位自重：$g_d = 0.5 \times 10^{-3}$（kN/m）。

（2）水平负载。接触线、承力索单位风负载（分无覆冰和覆冰两种情况）。

1）接触线单位风负载

①无覆冰状态：

$$p_{jv} = 0.625K \times A \times v^2 \times 10^{-6} = 0.625 \times 1.25 \times 11.8 \times 30^2 \times 10^{-6}$$
$$= 8.3 \times 10^{-3}(\text{kN/m})$$

②覆冰状态：

$$p_{jvb} = 0.625K \times (A + b) \times v_b^2 \times 10^{-6} = 0.625 \times 1.25 \times (11.8 + 5) \times 10^2 \times 10^{-6}$$
$$= 1.3125 \times 10^{-3}(\text{kN/m})$$

2）承力索单位风负载

①无覆冰状态：

$$p_{cv} = 0.625K \times d \times v^2 \times 10^{-6} = 0.625 \times 1.25 \times 11 \times 30^2 \times 10^{-6}$$
$$= 7.734 \times 10^{-3}(\text{kN/m})$$

②覆冰状态：

$$p_{cvb} = 0.625K \times (d + 2b) \times v_b^2 \times 10^{-6} = 0.625 \times 1.25 \times (11 + 10) \times 10^2 \times 10^{-6}$$
$$= 1.641 \times 10^{-3}(\text{kN/m})$$

（3）合成负载

1）无冰、无风

$$q_0 = g_j + g_c + g_d = 8.93 \times 10^{-3} + 6.15 \times 10^{-3} + 0.5 \times 10^{-3}$$
$$= 15.58 \times 10^{-3}(\text{kN/m})$$

2）覆冰状态（只考虑承力索）

$$q_b = \sqrt{(q_0 + g_{cb} + g_{jb})^2 + {p_{cvb}}^2}$$
$$= \sqrt{(15.58 \times 10^{-3} + 2.218 \times 10^{-3} + 1.026 \times 10^{-3})^2 + 0.001641^2}$$
$$= 18.9 \times 10^{-3}(\text{kN/m})$$

此时合成负载对铅垂线的夹角：

$$\varphi = \arctan \frac{p_{cvb}}{q_0 + g_{cb} + g_{jb}} = \arctan \frac{1.641 \times 10^{-3}}{(15.58 + 2.218 + 1.026) \times 10^{-3}} = 4.97°$$

3）最大风速时（只考虑承力索）

$$q_v = \sqrt{q_0^2 + p_{cv}^2} = \sqrt{(15.58 \times 10^{-3})^2 + (7.734 \times 10^{-3})^2} = 17.39 \times 10^{-3}(\text{kN/m})$$

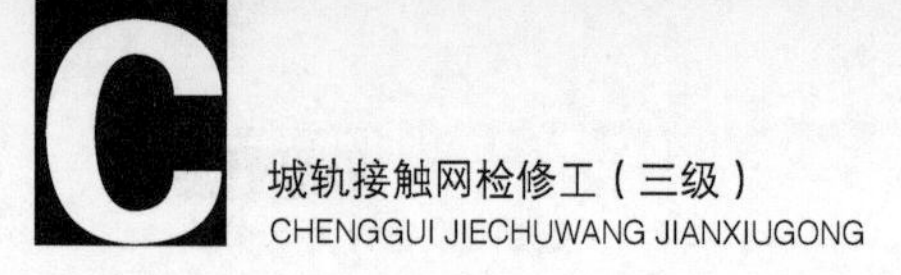

此时合成负载对铅垂线的夹角：

$$\varphi = \arctan \frac{p_{cv}}{q_0} = \arctan \frac{7.734 \times 10^{-3}}{15.58 \times 10^{-3}} = 26.4°$$

2. 支柱容量及最大弯矩

支柱容量是指支柱本身所能承受的最大许可弯矩值。最大弯矩可能出现在有最大风速、最大附加负载（覆冰）或最低温度的情况下。

支柱的最大弯矩除了与支柱所在位置、支柱类型、接触悬挂类型、线索悬挂高度、支柱跨距及支柱侧面限界有关外，还与计算气象条件有直接关系。

在计算最大弯矩时，一般应对三种气象条件进行计算，取其中最大值作为选择支柱容量的依据。一般来说，支柱的最大计算弯矩多发生在最大风速及最大冰负载的情况下。

3. 腕臂支柱负载的计算

计算接触网支柱负载确定支柱容量，采用校验计算法。对布置在曲线内侧的支柱进行计算时，应正确选择风吹的方向，得到支柱处于最危险状态时的计算结果。

腕臂支柱负载的计算应先分析、确定如下内容。

（1）垂直负载。

（2）水平负载。

（3）曲线上线索改变方向产生的水平负载。

（4）直线上接触线之字值形成的水平分力。

（5）下锚支线索改变方向产生的水平分力。

4. 腕臂支柱垂直负载的计算

（1）接触悬挂自重负载。接触悬挂自重负载包括接触线、承力索、吊弦的自重负载，在覆冰时，q_0还应包括覆冰负载，即：

$$Q_g = nq_0 l + ng_{b0} l$$

式中 n——悬挂数目；

q_0——链型悬挂单位长度自重负载，kN/m；

g_{b0}——链型悬挂单位长度覆冰负载，kN/m；

l——跨距长度，一般选取最大允许跨度，m。

（2）悬挂结构自重。悬挂结构自重包括腕臂、绝缘子、定位装置及其连接零件的重量，用符号 Q_0表示。覆冰时还应包括悬挂结构冰重，用 Q_{b0}表示。

5. 腕臂支柱承受的水平负载的类型及计算

（1）支柱风负载。支柱本身的风负载可以由下式求出：

$$P_0 = 0.615Kv^2F \times 10^{-3}$$

式中　K——风载体形系数；

v——风速，m/s；

F——受风面积，m^2。

（2）接触悬挂传给支柱的风负载。接触悬挂传给支柱的风负载包括接触线风负载P_j和承力索的风负载P_c。当支柱承担附加导线（如回流线、供电线等）时，还应包括附加导线的风负载P_f，可以用如下公式计算得到：

$$P_v = 0.615a_vKdLv^2 \times 10^{-3}$$

式中　P_v——线索所受的风负载，kN；

a_v—风速不均匀系数；

K——风载体形系数；

d——线索直径，m；

L——跨距中线索的长度，m；

v——最大风速，m/s。

（3）曲线上线索改变方向产生的水平负载。在曲线段，线索布置呈折线状，在支柱定位点处，因线索改变方向而产生的向曲线内侧的水平分力，通常称为曲线力，以符号P_R表示，接触线在曲线区段的受力分析如图1—12所示。

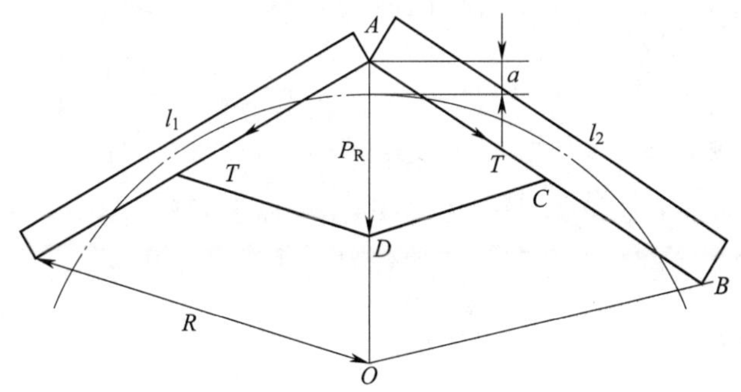

图1—12　接触线在曲线区段的受力

从图上看出$\triangle AOB \backsim \triangle ACD$，则$\frac{P_R}{T} = \frac{l}{R+a}$。由于$R \gg a$，所以$P_R = T\frac{l}{R}$；当定位点两侧跨距不等时，$l$取平均值，$l = \frac{l_1 + l_2}{2}$，则$P_R = T\frac{l_1 + l_2}{2R}$。

（4）直线上接触线之字值形成的水平分力。在直线上，接触线呈“之”字形布置，对支柱定位点处产生的水平分力 $P_{之}$ 简称为之字力，之字力的分析如图 1—13 所示。

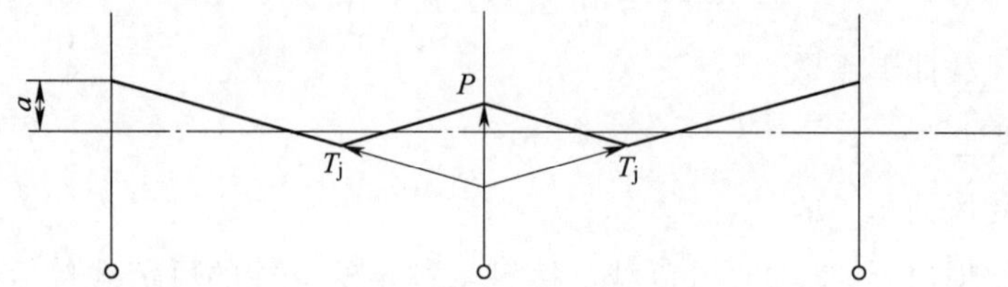

图 1—13 直线上接触线之字力分析

$\sin\alpha \approx \tan\alpha$，$\tan\alpha = \dfrac{2a}{l}$，则对支柱形成的之字力为 $P_{之} = \pm 2T_j\sin\alpha$，即 $P_{之} = \pm 4T_j\dfrac{a}{l}$。

应当指出的是，上述计算是按照半斜链型悬挂计算的结果。目前，我国城轨接触网在直线区段开始采用直链型悬挂形式，采用直链型悬挂时，之字值的计算应该考虑承力索的之字力。

（5）下锚支线索改变方向产生的水平力。当线索下锚时，下锚支线索由于改变方向对转换柱产生的水平分力，用符号 P_m 表示。其分类包括直线区段、曲线区段、锚柱与转换柱在线路同侧、锚柱与转换柱在异侧、绝缘锚段关节、非绝缘锚段关节。

1）直线区段下锚支线索改变方向产生的水平力的分析如图 1—14 所示。

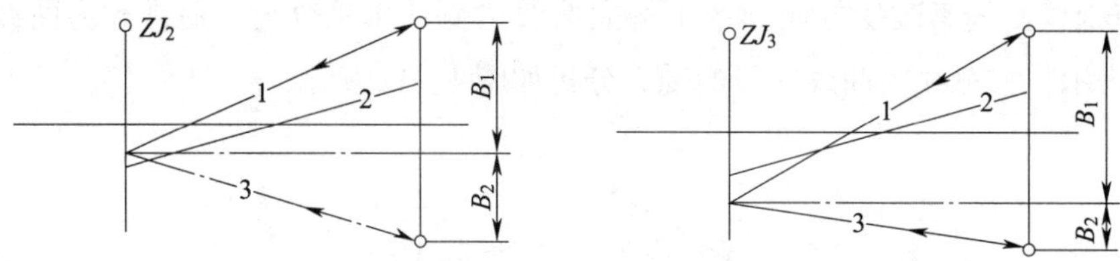

图 1—14 直线区段下锚支线索改变方向产生的水平力分析

1—线索下锚支 2—接触线工作支 3—异侧下锚

因为直线区段上 l 很大，B_1（B_2）值相对很小，其锚支水平分力的大小可以用求之字水平力的方法确定，即：$P_M = \pm T\tan\alpha = \pm T\dfrac{B}{l}$。

若为同侧下锚，转换柱所受的下锚水平分力为：$P_{M1} = \pm T\dfrac{B_1}{l}$。

若为异侧下锚，转换柱所受的下锚水平分力为：$P_{M2} = \pm T\dfrac{B_2}{l}$。

对于非绝缘转换柱：

$$B_1 = CX + \frac{1}{2}A + 0.2 \quad B_2 = CX + \frac{1}{2}A - 0.2$$

对于绝缘转换柱：

$$B_1 = CX + \frac{1}{2}A + 0.8 \quad B_2 = CX + \frac{1}{2}A - 0.8$$

式中 CX——支柱侧面限界，m；

A——锚柱地面处宽度，m。

2）曲线区段下锚支线索改变方向产生的水平力的分析如图1—15所示。

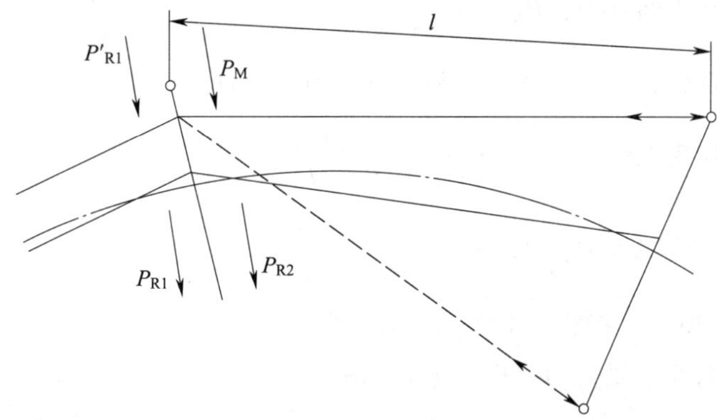

图1—15 曲线区段下锚支线索改变方向产生的水平力分析

P_{R1}为转换柱左侧和右侧工作支的曲线分力，P_{R2}为转换柱左侧下锚支柱的曲线分力，P'_{R1}为转换柱右侧因曲线下锚所产生的水平分力。另外还要附加接触悬挂的水平风负载，它们均为转换柱上的水平负载。

①非绝缘（与绝缘）转换柱工作支曲线力计算。

对于非绝缘转换柱，其工作支曲线力与一般中间柱曲线力的计算方法相同，即：

承力索工作支曲线力：$P_{Rc1} = T_c \frac{l}{R}$

接触线工作支曲线力：$P_{Rj1} = T_j \frac{l}{R}$

式中 T_c——承力索张力，kN；

T_j——接触线张力，kN；

R——曲线半径，m；

l——平均跨距，m。

对于绝缘转换柱，其工作支曲线力的计算方法相同，即承力索工作支曲线力：$P_{\mathrm{Rc1}} = T_{\mathrm{c}}\left[\dfrac{l}{R} + \dfrac{0.5}{l}\right]$

接触线工作支曲线力：$P_{\mathrm{Rj1}} = T_{\mathrm{j}}\left[\dfrac{l}{R} + \dfrac{0.5}{l}\right]$

②非绝缘（与绝缘）转换柱下锚支柱左侧曲线力计算。

对于非绝缘转换柱，其下锚支柱左侧曲线力的计算方法如下：

承力索非工作支曲线力：$P_{\mathrm{Rc2}} = T_{\mathrm{c}}\dfrac{l_1}{2R}$。

接触线非工作支曲线力：$P_{\mathrm{Rj2}} = T_{\mathrm{j}}\dfrac{l_1}{2R}$。

对于绝缘转换柱，其下锚支柱左侧曲线力的计算方法如下：

承力索非工作支曲线力：$P_{\mathrm{Rc2}} = \pm T_{\mathrm{c}}\left[\dfrac{l_1}{R} + \dfrac{0.5}{l_1}\right]$

接触线非工作支曲线力：$P_{\mathrm{Rj2}} = \pm T_{\mathrm{j}}\left[\dfrac{l_1}{R} + \dfrac{0.5}{l_1}\right]$

3）锚柱与转换柱（绝缘、非绝缘）在异侧。

①对转换柱右侧下锚力的分析如图 1—16 所示。

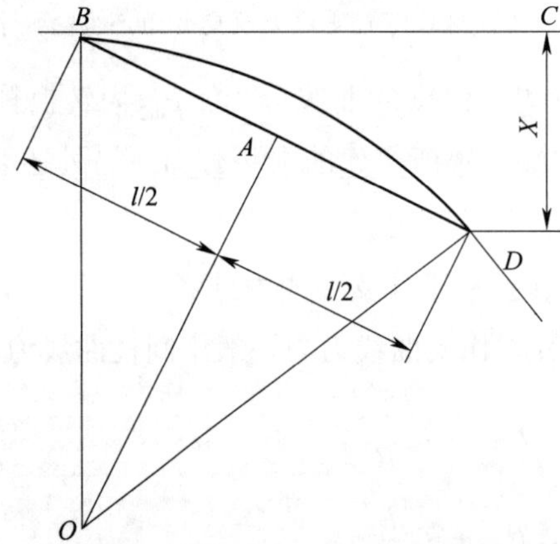

图 1—16　锚柱与转换支柱在异侧时转换支柱右侧下锚力的分析图

图 1—16 中 O 点是非工作支在转换柱处的定位点，从图上可知$\triangle BAO \backsim \triangle BCD$，所以：

$$\frac{CD}{DB} = \frac{AB}{OB};\text{即}\frac{X}{l} = \frac{\frac{l}{2}}{R};\text{则 } X = \frac{l^2}{2R}$$

在曲线下锚力分析图中（见图1—17），为了分析问题方便，我们忽略了转换柱定位点处拉出值的影响，所以：

$$\frac{P_{RM}}{T} = \frac{B}{l};\text{整理后得}:P_{RM} = T\frac{B}{l};\text{其中}\ B = X \pm Z = \frac{l^2}{2R} \pm Z$$

当锚柱位于曲线内侧时取“+”号；当锚柱位于曲线外侧时取“-”号。

锚柱位于曲线外侧时：$Z = Z_W = CX + \frac{1}{2}S_D + c - a$

锚柱位于曲线内侧时：$Z = Z_N = CX + \frac{1}{2}S_D - c + a$

式中　a——拉出值，m；

c——受电弓中心到线路中心的距离，m。

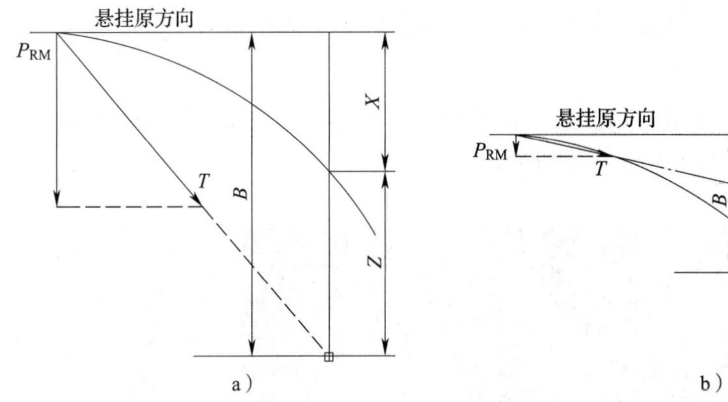

图1—17　曲线下锚力分析图

②非绝缘转换柱立于曲线外侧时下锚力的计算方法。

锚柱立在曲线外侧并与相邻转换柱同侧时：$P_{Mc} = T_c\left[\frac{l}{2R} - \frac{Z_W}{l}\right]$；$P_{Mj} = T_j\left[\frac{l}{2R} - \frac{Z_W}{l}\right]$

锚柱立在曲线内侧并与相邻转换柱异侧时：$P_{Mc} = T_c\left[\frac{l}{2R} + \frac{Z_N}{l}\right]$；$P_{Mj} = T_j\left[\frac{l}{2R} + \frac{Z_N}{l}\right]$

③非绝缘转换柱立于曲线内侧时下锚力的计算方法。

锚柱与转换柱同侧：$P_{Mc} = T_c\left[\frac{l}{2R} + \frac{Z_N}{l}\right]$；$P_{Mj} = T_j\left[\frac{l}{2R} + \frac{Z_N}{l}\right]$

锚柱与转换柱异侧：$P_{Mc} = T_c\left[\frac{l}{2R} - \frac{Z_W}{l}\right]$；$P_{Mj} = T_j\left[\frac{l}{2R} - \frac{Z_W}{l}\right]$

④绝缘转换柱立于曲线外侧时下锚力的计算方法。

锚柱与转换柱同侧：$P_{\mathrm{Mj}}=T_{\mathrm{j}}\left[\frac{l}{2R}-\frac{Z_{\mathrm{W}}-0.5}{l}\right]$；$P_{\mathrm{Mc}}=T_{\mathrm{c}}\left[\frac{l}{2R}-\frac{Z_{\mathrm{W}}-0.5}{l}\right]$

锚柱与转换柱异侧：$P_{\mathrm{Mc}}=T_{\mathrm{c}}\left[\frac{l}{2R}+\frac{Z_{\mathrm{N}}+0.5}{l}\right]$；$P_{\mathrm{Mj}}=T_{\mathrm{j}}\left[\frac{l}{2R}+\frac{Z_{\mathrm{N}}+0.5}{l}\right]$

技能要求

下锚装置的故障判定、更换和调整

操作要求

1. 全面查找故障。

2. 正确选择工器具及材料。

3. 更换时的操作规范，更换后将设备调整至符合技术要求。

操作准备

1. 主要工具（见图1—18）：手扳葫芦、钢丝套、紧线器、旗杆绳、断线钳、常用扳手、梯子、铁锤、钢丝钳、一字旋具。

图1—18　主要工具

2. 安全用具：接地棒、验电器、安全带、安全帽。

3. 测量工具：钢卷尺、棘轮张力曲线表（见图1—19）。

4. 主要材料：钢丝绳（棘轮装置）。

操作步骤

步骤1　检查存在的故障。

（1）下锚装置固定轴偏斜（见图1—20）。

（2）补偿块缺损。

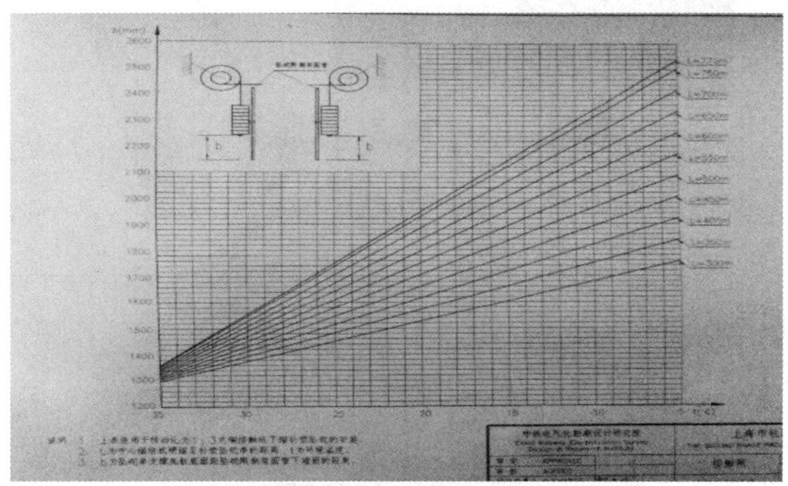

图 1—19　棘轮张力曲线表

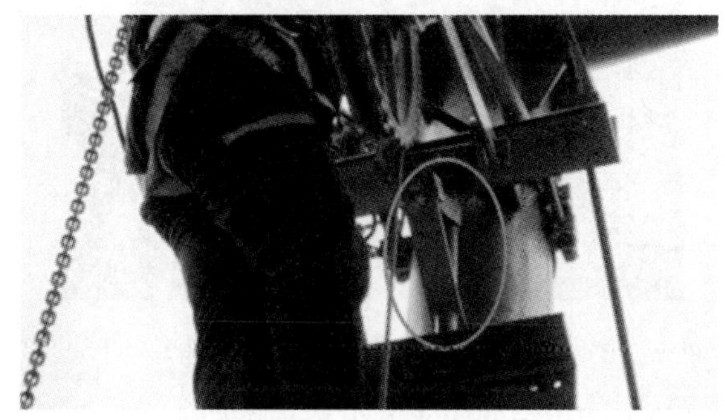

图 1—20　固定轴偏斜

（3）钢丝绳断股。

步骤 2　作业程序。

（1）进行验电接地。

（2）进行下锚补偿装置更换（见图 1—21）。

①将线索张力转到支柱上，方向如图 1—22 所示。

②用手扳葫芦把坠砣提起，使得棘轮装置不受力。

③调整棘轮固定竖轴至竖直状态，取出旧钢丝绳。

④根据当时温度的下锚安装曲线图要求进行钢丝绳圈数缠绕；钢丝绳缠绕时不得有重叠，总圈数为 4 ~4. 5 圈。

图 1—21　下锚补偿装置更换

图 1—22　将线索张力转到支柱上

⑤转动球头挂环，使得两根导线水平并保持平衡轮水平，如图 1—23 所示。

图 1—23　转动球头挂环

⑥拆除手扳葫芦。

⑦调整：调整 a、b 值和制动距离。

(3) 工作结束后由工作负责人对人员、工器具及材料进行清点。

(4) 拆除接地线，作业人员撤离现场。

质量标准

1. 大小轮钢丝绳圈数应符合设计要求；不得重叠，棘轮转动应灵活。
2. 制动装置应可靠，其制动块与棘轮齿间的距离为 15～20 mm。
3. 坠砣应完整，坠串排列应整齐、升降自如，其缺口应互相错开 180°。
4. 补偿绳不得有接头、松股、断股、锈蚀等缺陷。
5. 所有连接螺栓必须按要求紧固。

链型悬挂接触线的故障判定及调整

操作准备

1. 主要工具：液压钳、断线钳。
2. 测量工具：激光测量仪。
3. 主要材料：电连接线、吊弦线、吊弦线夹及其零配件。

操作步骤

步骤 1 判定故障。

(1) 接触线高度异常。

(2) 接触线有脱离吊弦现象。

(3) 电连接线脱落。

步骤 2 对链型悬挂接触线进行调整作业。

(1) 测量调整定位点的导高，做好记录。

(2) 更换两端新吊弦，装好承力索、导线线夹后，理直吊弦，调整吊弦长度，在定位点处重新测量导高，反复调整，使其达到调整高度。

步骤 3 工作结束后由工作负责人对人员、工器具及材料进行清点。

步骤 4 拆除接地线，作业人员撤离现场。

质量标准

1. 接触线的高度应符合区段设计要求。
2. 两相邻定位点导高：地面段 ±30 mm，车辆段 ±50 mm。

简单悬挂接触线的故障判定及调整

操作准备

1. 主要工具：液压钳、断线钳、手扳葫芦、钢丝套。

2. 安全用具：接地棒、验电器、安全帽。

3. 测量工具：激光测量仪。

4. 主要材料：吊弦线、吊弦线夹及其零配件。

操作步骤

步骤 1　故障判定。

（1）接触线拉出值异常。

（2）接触线部分从吊索松脱。

（3）接触线部分高度异常。

步骤 2　对简单悬挂接触线进行调整。

（1）进行验电接地。

（2）测量调整定位点的拉出值，做好记录。

（3）松开支持器的紧固螺栓，定位管上按照新拉出值移动支持器，使得拉出值达到要求。

（4）拧紧螺栓。

（5）重新测量拉出值，记录。

（6）工作结束后由工作负责人对人员、工器具及材料进行清点。

（7）拆除接地线，作业人员撤离现场。

质量标准

1. 拉出值的技术要求

（1）正线、车辆场直线段为 ±200 mm。

（2）正线、车辆场曲线段为 ±250 mm。

（3）正线、试车线曲线段为 ±300 mm。

2. 跨中偏移

（1）正线、试车线曲线段为 ±300 mm。

（2）车辆厂曲线段为 ±350 mm。

1.4　接触网的受力分析

知识要求

1.4.1　受力分析的基础

1. 轴向拉伸和压缩的概念

轴向拉伸与压缩是杆件受力或变形的一种最基本的形式，如图1—24所示。受轴向拉伸和压缩的构件沿轴线伸长或缩短。轴向拉伸或压缩时，杆件横截面上的应力称为正应力。轴向拉伸或压缩时，截面上正应力的分布规律是方向与截面垂直，且均匀分布。拉、压杆的危险截面是正应力最大截面。

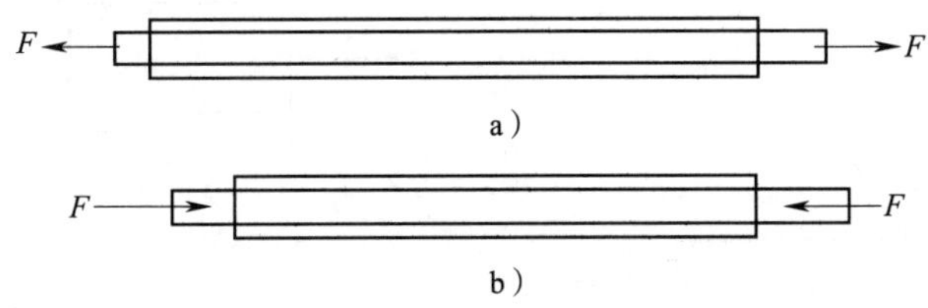

图1—24　轴的拉伸与压缩

a）轴向拉伸：轴向伸长，横向缩短　b）轴向压缩：轴向缩短，横向变粗

2. 内力

物体在受到外力作用而变形时，其内部各质点间的相对位置将有变化。与此同时，各质点间相互作用的力也发生了改变。上述相互作用力是由于物体受到外力作用而引起的改变量，就是材料力学中所研究的内力。

换句话说，由于已假设物体是均匀连续的可变形固体，因此，在物体内部相邻部分之间相互作用的内力实际上是一个连续分布的内力系，而将分布内力系的合成（力或力偶）简称为内力。

也就是说，内力指由外力作用所引起的、物体内部相邻部分之间分布内力系的合成（即附加内力），如图1—25所示。

3. 截面法、轴力

设一等直杆在两端轴向拉力 F 的作用下处于平衡，欲求杆件横截面 m—m 上的内力（见图1—26），研究此类问题可用截面法。

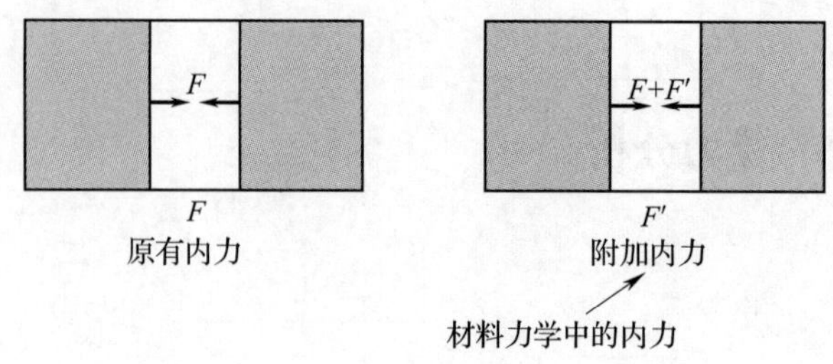

图 1—25 内力

截面法：研究杆件的内力时，必须用一平面将构件假想地截成两段，使内力暴露出来，然后研究其中一段的平衡，求得内力的大小和方向。

截面法是求构件内力的基本方法，一般可分为三个步骤：截开、代替和平衡（常称“截”“弃”“代”“平”）。

（1）截开。在求内力的截面 m—m 处，假想地将杆件截为两部分（见图 1—27）。

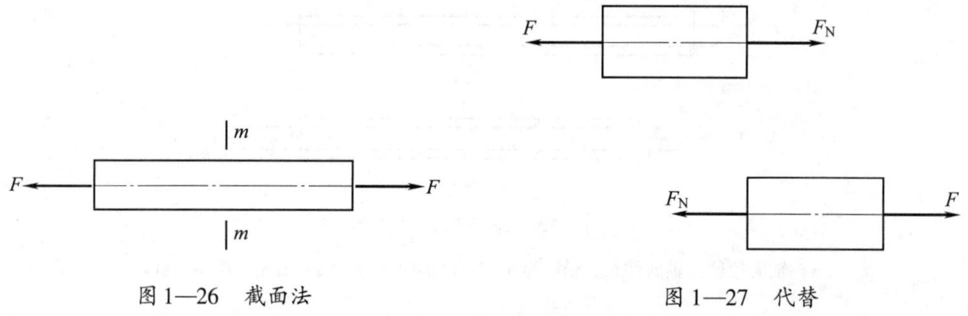

图 1—26 截面法　　图 1—27 代替

（2）代替。将两部分中的任一部分留下，并把弃去部分对留下部分的作用代之以作用在截面上的内力（力或力偶），用 F_N表示（见图 1—27）。

（3）平衡。对留下的部分建立平衡方程，根据其上的已知外力来计算在截面上的未知内力。注意：截面上的内力对留下部分而言属外力。

平衡方程：

$$\sum F_x = 0;\ F_N - F = 0;\ F_N = F$$

式中的 F_N为杆件任一横截面 m—m 上的内力，与杆的轴线重合，即垂直于横截面并通过其形心，称为轴力。

注意：静力学中力或力偶的可移性原理在用截面法求内力的过程中是有限制的。如图 1—28a 所示，拉杆在自由端 A 承受的集中力为 F，由截面法可得，拉杆任一横截面 m—m 或 n—n 上的轴力 F_N均等于 F（见图 1—28b 和图 1—28c）。

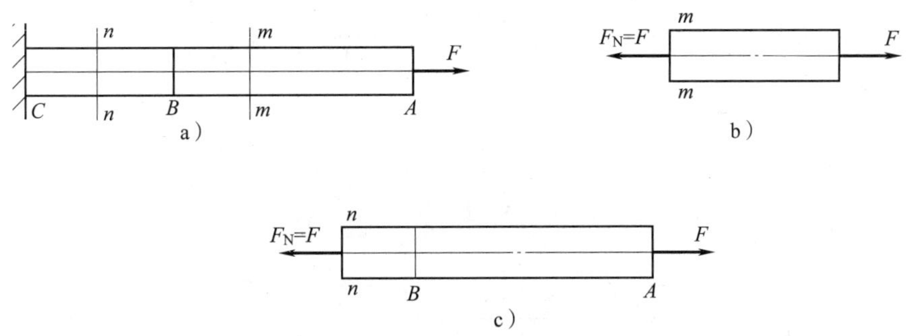

图 1—28　轴力示意图 1

a）受力分析 1　b）受力分析 2　c）受力分析 3

若将力 F 由自内端 A 移至杆 B 点处（见图 1—29a），则其 AB 段内任一横截面上的轴力都将等于零（见图 1—29b），而 BC 段内任一横截面 n—n 上的轴力仍等于 F（见图 1—29c），保持不变。

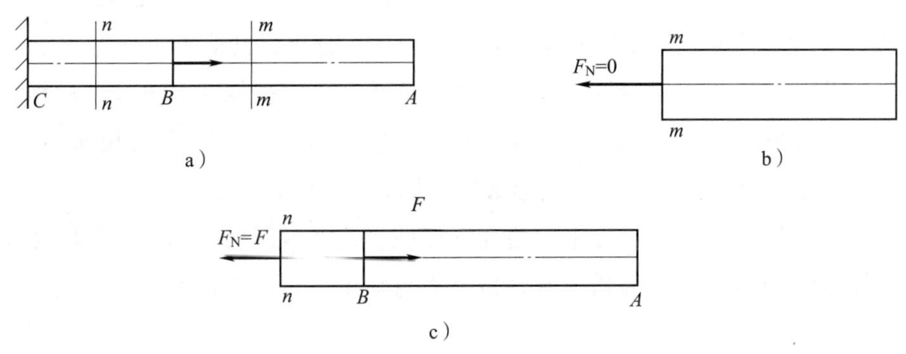

图 1—29　轴力示意图 2

a）受力分析 1　b）受力分析 2　c）受力分析 3

这是因为集中力 F 由自由端 A 移至 B 点后，改变了杆件 AB 段的变形，而并未改变 BC 段的变形。

4. 纵向应变与横向应变

（1）纵向应变。如图 1—30 所示，设拉杆的原长为 l，承受一对轴向拉力 F 的作用而伸长后，其长度增为 l_1，则纵向变形 $\Delta l = l_1 - l$，每单位长度的伸长（或缩短）称为线应变，并用记号 ε 表示。纵向线应变的计算公式为 $\varepsilon = \dfrac{\Delta l}{l}$。

符号：拉伸（+），压缩（-）。

适用范围：均匀变形。

（2）横向应变。横向变形（见图 1—30）的计算公式为 $\Delta d = d_1 - d$。

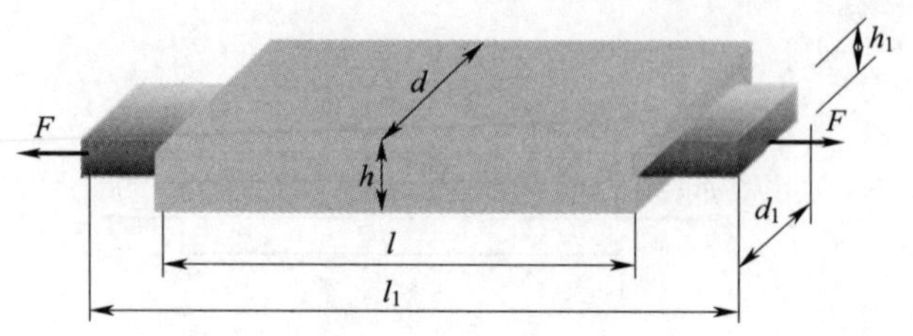

图 1—30　横向变形示意图

横向应变：$\varepsilon' = \dfrac{d_1 - d}{d} = \dfrac{\Delta d}{d}$。

符号：压缩（+），拉伸（-）。

5．拉伸、压缩的强度计算

对于受拉伸或压缩的等截面直杆（棱柱形杆），根据杆受力时横截面保持为平面的假设，则横截面上无剪应力 τ，而其正应力 σ 为均匀分布，其值等于轴力 N 除以横截面面积 A，即 $\sigma = N/A$；当材料在线弹性范围内工作时，根据胡克定律（见材料力学），杆内一点处的轴向（纵向）线应变为 $\varepsilon = \sigma/E$（E 为材料的拉、压弹性模量）；在轴力 N 为常量的长度 L 范围内，绝对线变形 ΔL 的计算公式为 $\Delta L = NL/EA$。

梁弯曲强度条件可解决工程中弯曲强度校核、选择截面尺寸和确定许用载荷三类问题。提高梁弯曲强度的主要措施有降低最大弯矩值、选择合理的截面形状、采用等强度梁。

6．胡克定律

实验表明，在比例极限内，杆的轴向变形 Δl 与外力 F 及杆长 l 成正比，与横截面积 A 成反比。即 $\Delta l \propto \dfrac{Fl}{A}$，引入比例常数 E，则

$$\Delta l = \frac{Fl}{EA}$$

式中，E 为弹性模量，是表示材料弹性性质的一个常数，单位为 MPa 或 GPa。

弹性模量 E 代表材料抵抗弹性变形的能力；弹性模量 E 的数值由材料本身的性能决定，故因材料而异；弹性模量 E 的数值不能计算得到，必须通过实验测定。

由于 $F = F_N$，故上式可改写为：$\Delta l = \dfrac{F_N l}{EA}$。

EA 代表杆件的抗拉伸（压缩）刚度。对于长度相等且受力相同的拉杆，其拉伸刚度越大则拉杆的变形越小。

上式可改写为：

$$\frac{\Delta l}{l}=\frac{1}{E}\times\frac{F_N}{A}$$

式中杆内任一点处的纵向线应变 $\varepsilon=\Delta l/l$；杆横截面上的正应力为 $\sigma=F_N/A$。因而得到胡克定律的另一种形式：

$$\varepsilon=\frac{\sigma}{E}\quad \sigma=E\varepsilon$$

上述是经过改写后的胡克定律，它不仅适用于拉（压）杆，而且还可以更普遍地用于所有的单轴应力状态，故通常又称其为单轴应力状态下的胡克定律。

1.4.2 接触网与受力分析

1. 曲线形成的支柱水平分力

在曲线区段，线索布置呈折线状，在支柱定位点处，因线索改变方向而产生的向曲线内侧的水平分力，通常称为曲线力。曲线上线索改变方向产生的水平负载与接触线与承力索张力之和有关。

2. 之字值形成的支柱水平分力

在直线上，接触线呈“之”字形布置，故将支柱定位点处产生的水平分力称为之字力。直线上接触线之字值形成的水平分力与垂直分力有关。

3. 接触网线索传给腕臂支柱的风负载计算

接触悬挂传给支柱的风负载属于水平负载。

（1）直线区段，当风从田野吹向线路侧时，支柱所承受的总弯矩为 M。

$$M=Q_XZ+\frac{1}{2}Q_WZ+P_CH_C+(P_j+P_z)H_j+$$
$$P_fH_f-Q_fa_f-\frac{1}{2}Q_{fw}a_f+\frac{1}{2}P_0H$$

此时各线索不存在曲线力。

（2）直线区段，当风从线路侧吹向田野侧时，支柱所承受的总弯矩为 M。

$$M=Q_XZ+\frac{1}{2}Q_WZ+P_CH_C+(P_j+P_z)H_j+$$
$$P_fH_f-Q_fa_f-\frac{1}{2}Q_{fw}a_f-\frac{1}{2}P_0H$$

以上两种情况的计算结果表明，前者大，后者小。因此，直线区段中间柱的最大负载计算，应选择风向从田野侧吹向线路侧为计算条件。

（3）曲线区段，当风从田野吹向线路侧，且支柱位于曲线外侧时，支柱的总弯矩为 M。此时无之字力。

$$M = Q_X Z + \frac{1}{2} Q_w Z + (P_c + P_{Rc}) H_c + \frac{1}{2} P_0 H + (P_j + P_{Rj}) H_j +$$

$$(P_f + P_{Rj}) H_f - Q_f a_f - \frac{1}{2} Q_{fw} a_f$$

（4）曲线区段，当风从线路侧吹向田野侧，且支柱位于曲线外侧时，支柱的总弯矩为 M。

$$M = Q_X Z + \frac{1}{2} Q_w Z + (P_c + P_{Rc}) H_c - \frac{1}{2} P_0 H + (P_{Rj} - P_j) H_j +$$

$$(P_{Rj} - P_f) H_f - Q_f a_f - \frac{1}{2} Q_{fw} a_f$$

4．线索改变方向产生的水平负荷的计算

当线索下锚时，下锚支线索由于改变方向对转换柱产生的水平分力称为线索的下锚分力。各种形式的下锚分力对支柱的水平负载都不同，根据计算方法可分为绝缘锚段关节与非绝缘锚段关节、锚柱与转换柱在线路同侧边与异侧边以及下锚在直线区段与曲线区段。

5．接触线“之”字布置产生的水平力计算

接触线在定位点处之字值和跨距相比很小，因此 α 角也很小，所以在计算时 $\sin\alpha \approx \tan\alpha, \tan\alpha = \frac{2a}{l}$。接触线对支柱形成的之字力为 $P_{之} = \pm 2T_j \sin\alpha$。

1.5 横跨

知识要求

1.5.1 软横跨

1．软横跨的结构与组成

多股道接触悬挂通过横向线索悬挂在线路两侧的支柱上的装配方式称为软横跨。

软横跨由站场两侧支柱和悬挂在支柱上的横向承力索、上部固定绳、下部固定绳、软横跨直吊弦及支持和连接它们的零件组成。我国目前采用的是绝缘式软横跨，即横向承力索、上部固定绳、下部固定绳均对地绝缘。绝缘式软横跨便于带电维修。

2. 软横跨横向承力索的作用

横向承力索是软横跨的主要构件，承受各股道纵向接触悬挂的全部垂直负载。软横跨上部固定绳的作用是固定各股道的纵向承力索，并将纵向承力索的水平负载传递给支柱。下部定位绳的作用是固定定位装置一边，对接触线按技术要求定位，并将接触线的水平负载传向支柱。

3. 软横跨横向承力索的弛度

对支柱容量的要求是满足横向承力索悬挂点处水平张力和支柱高度相乘的数值。在软横跨中，横向承力索通过直吊弦承受全部悬挂的重量。在一定的负荷情况下，如果横向承力索弛度很小，在支柱上横向承力索悬挂点处的水平张力就会很大，则对支柱的容量要求就大。如果横向承力索弛度增大，横向承力索悬挂点处水平张力就会减小，但要求支柱要增加高度。

4. 软横跨技术要求

软横跨横向承力索两条线的张力应相等。软横跨横向承力索和上、下部定位索应布置在同一个铅垂面内。最短吊弦长度的误差不超过 50 mm。横向承力索和上、下部定位索均不得有接头、断股和补强，其机械强度安全系数应符合有关规定。上、下部定位应水平，允许有平缓的负弛度，5 股道及以下者不超过 100 mm，5 股道以上者不超过 200 mm。下部定位索距接触线的垂直距离不得小于 250 mm。上、下固定绳调整螺栓螺丝的外露长度应为 20 mm 至螺纹全长的 1/2。

安装时要求：

（1）一般在局部条件不允许支柱安装的股道采用（主线与车辆段的出入段线一起时）。

（2）车辆段的 3 股道以上采用（停车库前有十几股道）。

（3）所有软横跨的尺寸必须按照下列因素预制。

1）股道数。

2）供电区域的分割。

3）馈电线的布置。

4）支柱限界。

5）接触线高度。

6）定位点数量。

7）定位绳和横向承力索的锚点高度。

8）附件、连接件要求和数量。

(4) 软横跨预制一般采用图解法 1∶100 比例作简图，确定各绳索的长度。

(5) 线路安装时，固定一边定位绳和横向承力索的锚点，再用滑轮组固定另一边锚点。

(6) 各类底座紧固件要牢固，绳索不能有偏斜、松弛现象。

(7) 软横跨安装应保证绳索安装整齐、垂直、无偏斜、无断股、无补强线、无接头。

(8) 吊弦安装应做到铅垂于截面。

(9) 配件应完好无损，紧固牢靠。

1.5.2 软横跨节点

1. 节点 1 ~ 14 类型（见图 1—31）

软横跨节点 1、2 表示软横跨在钢支柱上的装配形式，软横跨节点 1 表示软横跨在非站台侧钢支柱上的装配形式。

(1) 节点 1：适用于 13 m 或 15 m 的钢柱。

(2) 节点 2：同样适用于 13 m 或 15 m 的钢柱，节点 2 通常用于站台上的钢柱。

(3) 节点 3：与节点 1 一样，但支柱为钢筋混凝土支柱。

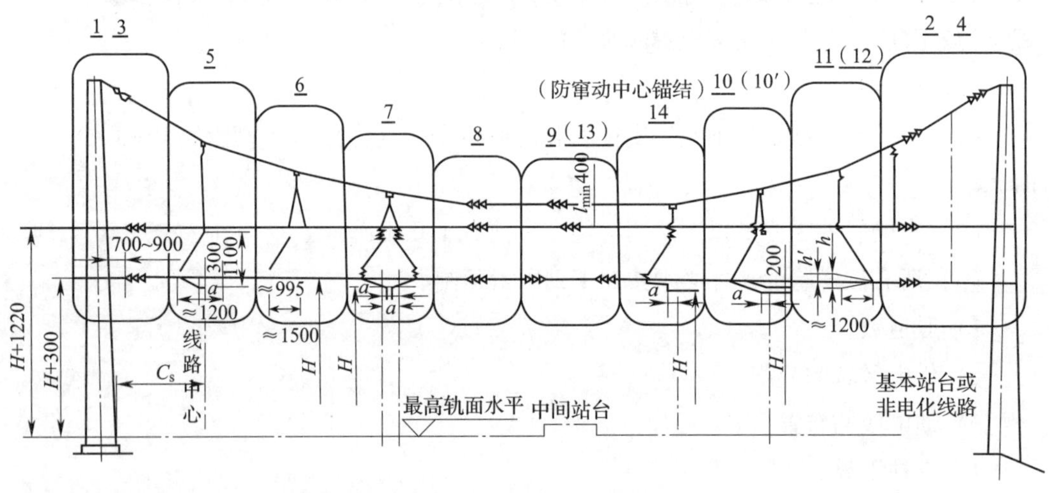

图 1—31 软横跨节点 1 ~ 14 类型

（4）节点4：与节点2一样，支柱同样为钢支柱。节点4通常用于站台上的钢支柱。节点1、2、3、4后加S表示双重绝缘，加D表示大限界。

（5）节点5：适用于无交叉、直线等区域，形式和区间正定位相似，是停车场最常用的节点方式。

（6）节点6：和L型道岔定位相似，下锚向一个方向去，两支接触线的高度基本一致（一支全补，一支半补，承力索滑轮有长短之分）。

（7）节点7：和LY型道岔定位相似，下锚向两个方向去，两支接触线的高度基本一致（也是一支全补，一支半补，承力索滑轮有长短之分）。

（8）节点8：股道间电分段，股道间电气分开。

（9）节点9：站台上方安全分段，股道电气不分开。

（10）节点10：一支为工作支，一支为非工作支，非工作支抬高200～250 mm，用双股铁线用夹环拉起，一般为直线非绝缘锚段关节转换节点。Z10a表示受力为同方向，Z10b表示受力为反方向。

（11）节点11：非工作支抬高，接触线从下部固定绳下方通过，用双股铁线用夹环拉起。

（12）节点12：非工作支抬高，接触线从下部固定绳上方通过，用双股铁线用夹环拉起。

（13）节点13：中间站台电分段，站台上方安全分段，股道间电气分开（有站台要求电气分开的股道之间）。

（14）节点14：站场防窜动中心锚结，下部同节点5。节点5、7、10、14前加Z表示正线。

2．软横跨计算方法

负载计算法以实际结构的标准形式为依据，以实际负载为基础，以安装后的受力状态为前提，由负载计算转化为结构尺寸计算的方法。

（1）软横跨计算的一般原则

1）只考虑支柱可能出现的最危险的情况。

2）纵向悬挂及软横跨节点的垂直负荷由横向承力索承担。

3）纵向承力索的水平负载由上部固定绳承担。

4）接触线水平负载由下部固定绳承担。

5）假设所有水平负载均朝一个方向，以便算出最大值状态。

6）软横跨跨越6股道或承受6组以上的接触悬挂时采用双横承力索。

（2）软横跨计算所需资料

1）气象资料：最大风速、覆冰厚度及风速、最低温度。

2）线路资料：股道数、股道间距、曲线半径、跨距。

3）线索资料：线材、截面积等。

4）软横跨节点形式及分布。

（3）软横跨现场实测数据和计算数据

1）软横跨侧面限界 C_{X11}、C_{X12}。

2）软横跨横向跨距 L_1。

3）横向承力索最低点至两支柱固定点的水平距离 l_1、l_2。

4）软横跨两支柱安装后的斜率 δ_1、δ_2（mm/m）。

5）软横跨在横向承力索上、下固定绳安装处的偏移距离 d_{11}、d_{12}、d_{13}等。

6）软横跨支柱基础面与正线轨的高差 S_1、S_2，即支柱基础面至正线轨平面的垂直距离，当支柱基础面高出正线轨平面时，S 值为正，反之为负。

7）横向承力索弛度 f_1、f_2。

8）相邻悬挂点间的水平距离 a_i，其中 $a_1 = C_{X1} + H_1\delta_1$，$a_{x+1} = C_{X2} + H_2\delta_2$。

（4）计算软横跨的基本步骤

1）软横跨支柱校验或选型计算步骤。

2）根据设计平面图确定软横跨的基本布局，并给出相关基础设计参数。

3）计算各悬挂点的负载。

4）确定横向承力索的最低点和张力大小。

5）考虑松边张力，计算上、下固定绳的张力大小。

6）确定线索的安装高度。

7）计算支柱的工作力矩。

8）考虑安全系数，选择支柱型号。

（5）软横跨预制计算步骤

1）现场实测相关基础计算数据。

2）计算各悬挂点的负载。

3）确定横向承力索的最低点和张力大小。

4）计算吊弦、横向承力索及上、下固定绳的长度。

5）校验计算结果。

1.5.3 硬横跨

硬横跨多用于全补偿链型悬挂的停车场上，一般是为固定承力索中心的锚结绳而设立的。硬横跨不仅具有机械上独立，股道之间不产生影响、事故范围小，结构稳定，抗振动，抗风性能好，稳定性强等优点，而且具有较好的刚度，稳定性高，能改善弓网受流，因而又具有磨耗小、可降低弓网离线率等一系列优点。硬横跨具有模块化的结构，互换性强，有利于机械加工和机械化安装作业。

硬横跨下部固定绳的高度以电化股道的最高轨面连线的中心为准，接触线高度不得超过 6 500 mm，轨面较低时，可采用按不大于接触线允许坡度升高接触线的方式安装；接触线高度超过 6 500 mm 时，可采用加设调节立柱的方法安装。下部固定绳距接触线间距应为 300 ~ 400 mm，最小不得小于 250 mm ，若小于 250 mm，则应调整。

硬横跨的节点计算同软横跨的节点计算。

1.6 接触网的设计基础

知识要求

1.6.1 环境影响

1. 影响接触网的气象条件

接触网的特点是露天装置，因而会受到外界各种自然条件变化的影响。气象条件对接触网工作质量及技术状态有较大的影响，所以气象条件是接触网设计计算最原始、最重要的基础资料，同时也是设计计算时的基本依据。所选择气象条件的数值恰当与否，对于接触网设计质量至关重要。影响接触网的气象条件主要是风、冰和温度。如果把百年不遇的不利情况作为依据，在设计时必然会缩小跨距，加强设备结构，提高安全系数，结果造成物资浪费，造价过高。但如果将频繁出现的较严重情况也不予考虑，选择数值较低，则会降低运营的可靠性，事故率高，后果也很严重。所以，气象条件必须结合具体情况慎重、细致地进行确定。

确定接触网计算气象条件是一项复杂、困难的工作。我国疆域辽阔，地形错综复杂，气象差异很大，这给确定接触网气象条件带来了不少困难。在具体确定时应力求准确，满足设计要求，取值尽量规格化、系列化，且同一线路的气象条件应尽可能地统一起来。目前，我国电气化轨道交通勘测设计部门对于接触网计算气象条件的选择和确定方法如下：

（1）最高温度 t_{max} 和最低温度 t_{min}。最高温度、最低温度应根据线路通过地区的实际极限温度，采用各地气象台的年最高、年最低温度，在数值上取 5 的整数倍。考虑到全国大多数地区情况，一般最高温度取为 40℃；最低气温则各地而异：广东、广西、福建和浙江沿海地区取为 －5℃，长江流域及云、贵、川的大部分地区取为 －10℃，黄河流域、华北平原的大部分地区取为 －20℃，河北、山东西北部、东北地区的南部等地取为 －30℃，东北地区北部及其他高寒地区则取为 －40℃，温度的变化会使线索的张力和弛度发生变化。温度过低线索被拉紧，甚至出现负弛度而不利于受电弓正常取流；温度过高，线索伸长，弛度增大，也会造成接触线磨耗严重，缩短使用寿命。

（2）最大风速 V_{max}。最大风速的计算方法有三种：数理统计法、变通法和平均法。目前接触网设计中均采用变通法。其计算方法：假设有年资料，按年份排列，自第一年开始，每五年为一组，每组按顺序相隔一年，取出每组中的最大值并求出各组最大值的平均值。最大风速与距地面的高度有关，所以，接触网设计用最大风速应采用距地面 10 m 高度，每五年一遇的 10 min 平均最大值。

风对接触网的影响主要体现在风不仅增加了支柱和悬挂的机械负荷，而且在不同方向和风速的作用下，会使线索产生多种形式的振动、摆动，故设计时必须考虑风的影响。

（3）最大风速出现时的温度 t_v。最大风速出现时的温度各地不一样，一般选取风速大、出现次数多的月平均温度值。

（4）线索覆冰时的温度 t_b。接触网线索覆冰与否应视该地区实际情况而定，我国在覆冰地区一般选取 －5℃作为线索覆冰时的温度。

（5）覆冰厚度 b 和覆冰密度 γ_b。线索覆冰厚度不得小于该地区实际观测到每五年一遇的最大冰厚。覆冰考虑为圆筒形，沿导线表面等厚度分布，不考虑导线截面的不规则形状，设计资料中只给出承力索覆冰厚度。接触网计算时一般不考虑吊弦及其线夹的覆冰载荷，考虑到受电弓滑板运行中的刮冰作用，计算接触线冰厚时应折算为承力索覆冰厚度的一半。线索覆冰密度因地区和结冰情况不同而异，为统一起见，计算中一般取为0.9 g/cm³。冰对接触网的影响有两方面：一是覆冰会增加线索所承受的机械负荷；二是由于隧道内拱顶不严密，严寒季节渗水结成冰柱，易使导体短路而影响正常供电。

（6）线索覆冰时的风速 V_b。覆冰时相应的风速很难测定，根据经验和有关资料，为统一起见，一般取覆冰时的风速为10 m/s。沿海、草原等地区取为15 m/s。沿海地区指距海岸线不超过100 km的地区，且不能越过山脉。

（7）接触线无弛度时的温度 t_0。接触线无弛度时受流条件最好。当在正弛度时，考虑到受电弓上举力的作用对正弛度有一定的补偿，而在负弛度时，反而会加大负弛度。所以，正弛度比负弛度的受流条件要好，负弛度时受流条件最差。确定无弛度温度的原则是接触线在最高温度下产生的正弛度的绝对值略大于在最低温度下产生的负弛度的绝对值，一般接触线的无弛度温度要比平均温度低一些。为了改善受流条件，减少负弛度，我国 t_0 的取值方法如下：对于简单链型悬挂，无弛度温度比平均温度低10℃；对于弹性链型悬挂，无弛度温度比平均温度低5℃。

（8）吊弦及定位器正常位置时的温度 t_p。确定这一温度的原则是吊弦及定位器在最高或最低温度下产生的纵向偏移值尽量相等，并要求吊弦及定位器无纵向偏移的时间尽可能地长些。在设计中，一般取该地区最高温度与最低温度的平均值。

2. 接触线极限温度下的弛度

为了改善受流质量，应使接触线在极限温度下，正弛度的绝对值略大于负弛度的绝对值。

1.6.2 设计计算

1. 计算负载的分类

接触悬挂单位长度负载是指每米悬挂本身及外部条件（冰、风）对其所形成的负载。计算负载分为垂直负载和水平负载。在计算中，无论垂直负载还是水平负载，均认为是沿跨距均匀分布的。

2. 垂直负载

垂直负载包括悬挂的自重和覆冰载荷，在计算时，不考虑吊弦及线夹的冰重。接触线的垂直负载通过吊弦完全传给承力索，定位器不承担垂直负载。弛度大小与线索张力、线索的垂直负载及跨距大小有关。

3. 水平负载

水平负载包括支柱的风负载、接触网线索传给支柱的风负载、曲线力、之字力、下锚分力和由吊弦横偏造成的水平负载。由于吊弦横偏引起的水平负载很小，因而在设计中一般不予考虑。

4. **自重负载**

一般标准型号的线索，其单位长度自重可通过查材料表确认。在链型悬挂负载计算中，还应考虑吊弦及其线夹的自重，通常按平均0.5 N/m计算，并以符号 g_d 表示。

5. **冰负载**

计算冰负载时，其冰壳的计算厚度应不小于实际观测到的每五年至少出现一次的最大覆冰厚度。当计算接触线覆冰时的垂直负载时，可忽略其截面沟槽形状，即认为是圆形，并且沿导线覆冰呈圆筒状。由于运行中电力机车受电弓滑板的刮冰作用，计算时将接触线覆冰厚度折算为承力索覆冰厚度的一半。对于承力索，则认为覆冰呈圆筒状，且全线覆冰厚度相等，其覆冰负载由下式计算得出：

$$g_{bc} = \frac{\pi\gamma_b(b+d)}{1\ 000}$$

式中 g_{bc}——承力索的冰负载，N/m；

b——覆冰厚度，mm；

d——承力索直径，mm；

γ_b——覆冰的密度，g/cm^3。

如果是计算接触线冰负载，上式中的 d 则为接触线的平均直径 $d=(A+B)/2$，且接触线的覆冰厚度折算为承力索覆冰厚度的一半，即 $b_j=b/2$。

6. **风负载**

风负载是指风作用到线索和支柱上的压力，又称风压。线索上的风负载可由下式决定：

$$P_v = a_v KdL\frac{V^2}{1\ 600}\sin\theta$$

式中 P_v——线索所受的风载，kN；

a_v——风速不均匀系数（见表1—2）；

K——风载体形系数（见表1—3）；

d——线索直径，接触线取平均直径，mm；

L——跨中线索的长度，m；

θ——风向与线索的夹角；

V——最大风速，m/s。

表 1—2 风速不均匀系数

计算风速（m/s）	20 以下	20～30	30～35	35 以上
a_v	1.0	0.85	0.75	0.7

表 1—3 风载体形系数

受风件特性＼系数		K	备注
支柱	圆形混凝土柱	0.6	
线索	不考虑吊弦及线夹	1.20	链型悬挂采用双接触线且间距为 100 mm
	考虑吊弦及线夹	1.25	

上式表示在一个跨距内线索所承受的风负载。在计算时总是取线索受风影响最大的情况，即风向与线索垂直，则 $\sin\theta = 1$。为了计算方便，取 $L = 1$ m，则线索单位长度的风负载由下式求出：

$$p_v = a_v K d \frac{V^2}{1\ 600}$$

式中 p_v——线索单位长度的风负载，N/m；

a_v——风速不均匀系数；

K——风载体形系数；

d——线索直径，接触线取平均直径，mm；

V——最大风速，m/s。

对于支柱所承受的风负载可由下式求得：

$$p_0 = 0.615\ KFV^2$$

式中 p_0——支柱承受的风载，N；

F——支柱迎风面的面积，m^2；

K——风载体形系数；

V——最大风速，m/s。

7. 合成负载

由于线索同时承受垂直负载和水平负载，因此还应确定两者的合成负载，合成负载是上述两负载的几何相加。注意：在链型悬挂中，接触线所承受的水平负载被认为是由定位器传给支柱的，故计算悬挂的合成负载时不计算接触线的合成负载，只计算承力索的合成负载。当在最大风速时，承力索的合成负载由下式求得：

$$q_{cv} = \sqrt{(g_j + g_c + g_d)^2 + p_{cv}^2}$$

覆冰时，承力索的合成负载由下式求得：

$$q_{cvb} = \sqrt{(g + g_{b0})^2 + p_{cvb}^2}$$

链型悬挂无冰无风时，其合成负载为链型悬挂的自重负载，以 q_0 表示。

$$q_0 = g_j + g_c + g_d = g$$

合成负载对铅垂线间的夹角由下式求得：

$$\varphi = \arctan \frac{p_{cvb}}{g + g_{b0}}$$

8. 链型悬挂接触线受风偏移

链型悬挂接触线的风偏移受到承力索风偏移的影响。承力索对接触线的风偏移的影响还与承力索的材质、形状及张力有关。链型悬挂接触线受风偏移决定于许多因素，其中主要的是取决于链型悬挂的结构形式、线材参数、接触线和承力索的受力状态、风负载及接触线拉出值等。

技能要求

承力索断线的故障判定及处理

操作要求

判定承力索断落、吊弦断裂、腕臂偏移、支持装置损坏、下锚处坠砣下垂等故障并进行处理。

操作准备

1. 车辆：梯车 2 ~ 3 辆、轨道车、抢修机动车。

2. 工具：验电器、接地棒、伸缩梯、1.5 t 和 3 t 手扳葫芦、紧线器、承力索接头线夹、断线钳、压接钳、钢丝绳、扭面器、校线器、旗杆绳、激光测量仪、常用工具、照明器具、通信器具。

3. 材料：承力索 20 m、吊弦若干、铅丝、定位装置及相关零件、支持装置及相关零件。

操作步骤

步骤 1　检查接触网的受损情况，并派人员到事故锚段进行检查。

步骤2　准备抢修材料，制定方案，分配任务。

步骤3　用手扳葫芦把下锚补偿装置的坠砣拉起，如图1—32所示。

图1—32　收起坠砣

步骤4　在断线处采用同类型的承力索用铜压管进行压接。

步骤5　拆除断线处（一跨或多跨）损坏的承力索底座、定位装置、吊弦、电连接线。

步骤6　安装定位装置，更换损坏部件，如承力索底座、定位线夹、支持器，同时调整拉出值。

步骤7　用铅丝或整体吊弦临时悬吊接触线，同时调整导高，必要时临时安装电连接。

步骤8　拆除下锚补偿装置处的手扳葫芦，使接触线承受张力。

吊索的故障判定及更换

操作要求

对如下故障进行判定并处理：

1. 吊索有闪络现象（带分段绝缘器的吊索）。
2. 两侧吊索不等长。
3. 吊索套管有开裂。

操作准备

1. 主要工具：常用扳手、0.75 t手扳葫芦、液压钳、断线钳。

2. 安全工具：接地棒、验电器、安全带、安全帽。

3. 测量工具：激光测量仪。

4. 主要材料：吊弦线夹、压接管、心形环、铜绞线。

操作步骤

步骤 1　进行验电接地。

步骤 2　进行更换作业。

（1）测量吊弦处导高，做好记录。

（2）拆除旧吊索。拧松吊索线夹螺栓，取下旧吊索。

（3）安装新吊索。按照原有长度将吊索预制好，吊索的中心对准当前温度下的中心位置，一端先安装紧固，另外一端穿过滑轮，用 0.75 t 的手扳葫芦一端连接承力索，另一端用紧线器连接吊索，收紧手扳葫芦，张力适度后进行安装。安装完成后收手扳葫芦。

（4）调整。安装完成后调整吊索受力，紧固螺栓。

步骤 3　工作结束后由工作负责人对人员、工器具及材料进行清点。

步骤 4　拆除接地线，作业人员撤离现场。

质量标准

1. 吊索受力均匀。

2. 两边长度相等，其误差为 ±100 mm。

3. 吊索无烧伤。

4. 吊索无断股。

理论知识复习题

一、判断题（将判断结果填入括号中。正确的填“√”，错误的填“×”）

1. 跨距是指两相邻支柱中心线间的距离。（　　）

2. 简单悬挂要求接触线应有较小的张力和较小的弛度，并有较好的稳定性。（　　）

3. 通常所说的支柱容量是指支柱本身能承受的最大许可弯矩值。（　　）

4. 支柱的最大弯矩与支柱类型有直接关系。（　　）

5. 支柱的最大弯矩可能出现在有最大风速、最大附加负载（覆冰）或最低温度的情况下。（　　）

6. 计算接触网支柱负载确定支柱容量，采用校验计算法。 (　　)

7. 支柱风负载属于接触悬挂的垂直负载。 (　　)

8. 直线上接触线之字力形成的负载属于水平负载。 (　　)

9. 受轴向拉伸和压缩的构件沿轴线伸长或缩短。 (　　)

10. 构件内力是由外力引起的，内力将随外力的变化而变化。 (　　)

11. 在链型悬挂中，接触线所承受的水平负载被认为由定位器传给了支柱，故计算悬挂的合成负载时不计算接触线的合成负载，只计算承力索的合成负载。 (　　)

12. 在剪切胡克定律中，G 是表示材料抵抗剪切变形能力的量，当切应力一定时，G 值越大，切应变 γ 就越小。 (　　)

13. 在曲线区段，线索布置呈折线状，在支柱定位点处，因线索改变方向而产生的向曲线外侧的水平分力，通常称为曲线力。 (　　)

14. 在直线上，接触线呈“之”字形布置，对支柱定位点处产生的水平分力，称为之字力。 (　　)

15. 接触线在定位点处的之字值和跨距相比很小，因此 α 角也很小，所以在计算时 $\sin\alpha \approx \tan\alpha$。 (　　)

二、单项选择题（选择一个正确的答案，将相应的字母填入题内的括号中）

1. 接地是描述供电系统中电气装置或电气设备的某些导电部分与地的（　　）。

A. 机械连接关系　　B. 接地连接关系

C. 电气连接关系　　D. 保护关系

2. 直流牵引供电正常情况下系统设备的所有（　　）。

A. 正极不接地、负极接地　　B. 正极接地、负极不接地

C. 正极和负极均接地　　D. 正极和负极均不接地

3. 雷电引起的过电压称为（　　）。

A. 大气过电压　　B. 直接雷过电压

C. 内部过电压　　D. 感应过电压

4. 防治直接雷的措施是采用独立（　　）。

A. 电容装置　　B. 放电间隙

C. 接地装置　　D. 避雷针或避雷线

5. 采用走行轨回流，在直流（　　）越区供电情况下，走行轨对地电位将高于正常双边供电，有时会超过允许值。

A. 单边　　B. 双边　　C. 大双边　　D. 大单边

6. 尺寸公差：为了保证零件的（　　），允许尺寸的变动量。

A. 工艺性　　B. 测量　　C. 装配　　D. 互换性

7. 实际位置对其理想位置的允许变动量为位置误差，包括（　　）。

A. 平面度误差、位置度误差、同轴度误差

B. 对称度误差、位置度误差、同轴度误差

C. 平行度误差、位置度误差、圆度误差

D. 平行度误差、对称度误差、同轴度误差

8. 在接触网计算中，只有先计算确定了锚段的（　　）后，才能进行安装曲线的计算绘制。

A. 当量跨距　　B. 额定张力

C. 实际长度　　D. 计算负载

9. 简单悬挂要求接触线应有（　　），并有较好的稳定性。

A. 较小的张力和较小的弛度　　B. 较小的张力和较大的弛度

C. 较大的张力和较小的弛度　　D. 较大的张力和较大的弛度

10. 支柱负载是指在工作状态下，支柱上所承受的（　　）负载和水平负载的统称。

A. 竖直　　B. 垂直　　C. 纵向　　D. 横向

11. 计算支柱最大弯矩时，一般应对三种气象条件进行计算，取其中（　　）作为选择支柱容量的依据。

A. 随机值　　B. 平均值　　C. 最小值　　D. 最大值

12. 在曲线区段，线索布置呈折线状，在支柱定位点处，因线索改变方向而产生的向曲线内侧的水平分力，通常称为（　　）。

A. 之字力　　B. 曲线力　　C. 下锚分力　　D. 静抬升力

13. 在计算水平负载时，可忽略不计（　　）。

A. 支柱的风负载　　B. 接触网线索传给支柱的曲线力

C. 接触网线索传给支柱的下锚分力　　D. 吊弦横偏引起的水平负载

14. 接触线对支柱形成的之字力为（　　）。

A. $P_{之}=2T_{j}\sin\alpha$　　B. $P_{之}=\pm 2T_{j}\sin\alpha$

C. $P_{之}=T_{j}\sin\alpha$　　D. $P_{之}=\pm T_{j}\sin\alpha$

15. 在一定的负荷情况下，如果横向承力索弛度增大，横向承力索悬挂点处水平张力就会减小，但要求支柱要（　　）。

A．增加刚度　B．增加容量　C．增加强度　D．增加高度

理论知识复习题答案

一、判断题

1．√　2．×　3．√　4．×　5．√　6．√　7．×　8．√
9．√　10．√　11．√　12．√　13．×　14．√　15．√

二、单项选择题

1．C　2．D　3．A　4．D　5．C　6．D　7．B　8．A
9．C　10．B　11．D　12．B　13．D　14．B　15．D

第2章

接触网设备安装

学习目标

- 掌握分段绝缘器和隔离闸刀的装调方法。
- 了解分段绝缘器和隔离闸刀在运行中可能出现的情况。
- 掌握锚栓的安装方法。
- 了解锚固基础的工艺及材料。

2.1 接触网主要设备的装调

知识要求

2.1.1 分段绝缘器的装调

1. 分段绝缘器的作用

接触网是一种特殊形式的输电线路，为了保证供电的可靠性、灵活性和缩小事故范围，采用分段绝缘器进行电气分段。分段绝缘器设在车站、渡线、存车线、车辆厂等地，为了保证工作人员的作业方便及人身安全，将接触网分成独立的区段。接触网线路之间所进行的分段称为横向分段，沿接触网线路方向进行的分段称为纵向分段。

（1）横向分段。横向分段是用于接触网复线上下行股道间、停车场各股道间等线路之间的电分段。由分段绝缘器和隔离闸刀、绝缘子（用于软横跨）来实现的。横向分段一般是采用分段绝缘器进行分段的。站场和区间应有单独的供电线路。

（2）纵向分段。纵向分段是用于沿线路方向接触网之间的电分段，如沿线路方向各供电臂之间的电分段，一般是由绝缘锚段关节实现的。

分段绝缘器安设在上述独立区段的两端，其结构既能保证供电的分段，又能使受电弓平滑地通过该设备。分段绝缘器大多应配合隔离闸刀使用，以便使分段绝缘器两端的接触线在开关闭合时都能带电；当隔离闸刀打开时，独立的区段中则没有电，以便在该独立区段中进行装卸或停电作业。

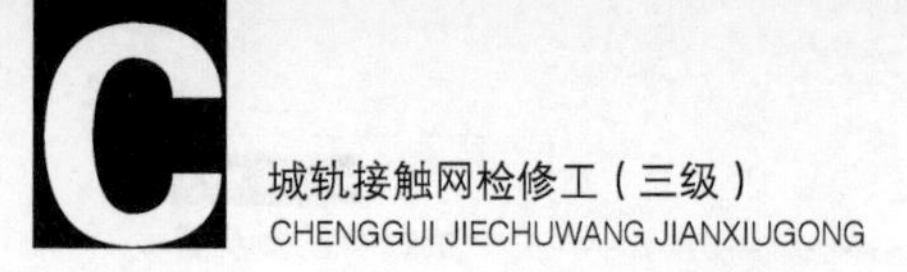

2. 分段绝缘器的结构特点

在正常情况下，电客车受电弓带电滑行通过分段绝缘器，与导滑板接触良好。分段绝缘器由导滑板、消弧角、接头线夹、绝缘部件和悬挂部件组成。

分段绝缘器的种类较多，现在地铁常使用的是西门子和AF公司的分段形式。

（1）重型分段（见图2—1）适用于主线和主线交叉渡线，绝缘部件为爬电距离440 mm、抗拉130 kN的绝缘子，并带有消弧角，便于大电流通过。

图2—1　重型分段

（2）轻型分段（见图2—2）适用于停车场和库线，其绝缘材料由绝缘板制成。轻型分段绝缘器是直流1.5 kV以下的城市轨道交通简单悬挂结构供电分段的重要部件。其适用于车辆段停车库、检修库、日洗线等单根接触线以及受流小的接触网区段。

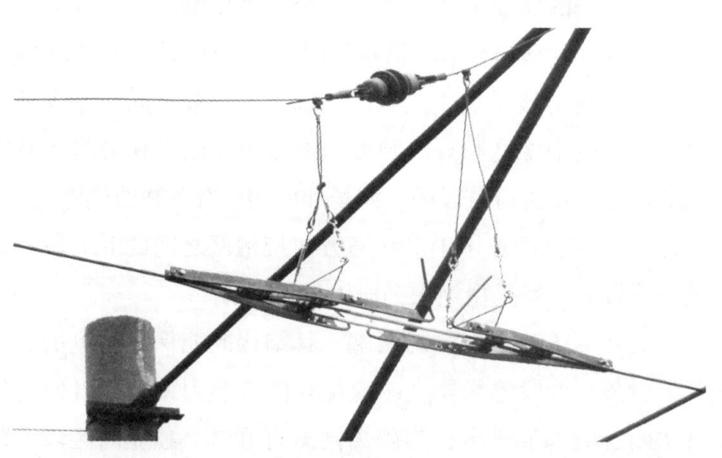

图2—2　轻型分段

分段绝缘器各部件的材料要有优良的耐弧性。分段绝缘器与接触线的接头线夹处状态不良会形成硬点，致使受电弓打坏分段绝缘器。

3. 分段绝缘器的安装

按照设计要求，分段绝缘器必须安装在直线线路上。受线路条件等因素的制约难以布置绝缘锚段关节时，通常设置分段绝缘器。安装分段绝缘器时导滑板底部必须与轨平面保持平行。

（1）工具准备，见表2—1。

表2—1　　工具准备表

序号	名称	规格	数量
1	手扳葫芦	1.5 t	1
2	导线紧线器	120 mm^2	2
3	双头呆扳手		2
4	活扳手	12 寸	1
5	水平尺	500 mm	1
6	扭面器	120 mm^2	2
7	铜榔头		1
8	木垫块	300 mm	1
9	钢锯	中齿	1
10	断线钳		1
11	线坠		1
12	激光测量仪	专用	1
13	之字尺	专用	1
14	压接钳	35 mm	1
15	钢丝钳	8 in	1
16	钢卷尺	3 m	1
17	扭力扳手	20 ~ 100 N · m	1

（2）检查预装配的分段绝缘器

1）用40 N · m力矩固定两块绝缘板的螺栓，且要求两块绝缘板略高于灭弧角底部水平面2 ~ 3 mm（两边相同）。

2）用50 N · m力矩固定灭弧角可调螺栓，使两端灭弧角间距为500 mm左右，且每端两灭弧角等高、平行，间距为144 mm。

3）用50 N · m力矩固定可调螺杆锁定螺母调整绝缘滑板，使绝缘滑板与两端灭弧角等高。

4）预装轻型分段绝缘器吊索部分（绝缘环、吊环、绳索等附件）。

5）松开两端接触线线夹螺栓。

（3）安装与调整

1）按设计要求确定该轻型分段的位置。

2）将轻型分段绝缘器吊索部分安装好。

3）确定相邻两悬挂点的平均高度为其安装高度，且拉出值为“0”。

4）在安装位置两端用1.5 t手扳葫芦将该接触线收至无张力，线面略呈有弓起即可。

5）将轻型分段绝缘器放置于接触线上部，用两根预置吊索吊起分段的十字支撑棒，用50 N · m力矩将接触线线夹与接触线固定。

6）在两头接触线线夹终端处外露10～15 mm位置用大力钳剪断接触线，并略向上翘，慢慢松开手扳葫芦，使轻型分段绝缘器受力。

7）调整吊索的可调螺栓，检查导滑板与灭弧角底部是否在同一水平面，并且符合接触线导高要求。

8）检查灭弧角、绝缘滑板的平整度，可以使用可调螺栓调整，并以50 N · m力矩固定，直至分段绝缘器水平，且符合受电弓滑行要求。

9）检查紧固轻型分段绝缘器的所有螺栓、螺母。

（4）注意事项

1）该轻型分段绝缘器安装位置应符合悬挂安装曲线表的数据要求。

2）接触线的终端应高于灭弧角水平位置5 mm。

3）吊索部分检查绝缘环完好，绳索无断股、散股，安装正确。

4）日常维修时应注意其绝缘滑板与灭弧角是否平行，并定期进行检查调整。

5）观察受电弓与绝缘滑板、灭弧角的滑行拉弧状态是否有烧损痕迹，一旦发现，应及时调整或更换。

6）分段绝缘器必须保证纵向及横向水平。

7）分段绝缘器的工作面高度应比安装跨距两定位点接触线高度高20～40 mm。

4．分段绝缘器的检调作业

（1）作业准备

1）人员及车辆：作业人员4人、车梯1辆。

2）工器具：水平尺、个人工具2套，平锉刀1把，砂纸、激光测量仪、轨距尺、铜锤2把。

3）材料：绝缘子及其他零部件。

（2）作业程序

1）用水平尺测量分段绝缘器所在地线路的轨面倾斜度，并做记录。

2）用导高尺测量分段绝缘器至轨面的高度，并与相邻定位点的导高做比较。若不符合规定，则可通过改变分段绝缘器上的吊索长度来调整，使其符合规定。

3）两人登上车梯的作业平台作业，两人在车梯下从事辅助工作并进行监护。

4）将水平尺置于分段绝缘器下方，做顺线路方向的移动。检查导滑板底面与接触线的底面是否在同一平面上，若不在同一平面上，可进行调整。

5）将水平尺置于分段绝缘器上，检测其是否与轨面平行。若不平行，可通过改变分段绝缘器上吊索左右两边的长度来调整，使其符合规定。

6）检查分段绝缘器的绝缘子，若其表面破损超过300 mm^2 或可看到其内部的玻璃纤维，则应立即更换绝缘子。

7）检查接触线与受电弓接触的线面，若有硬弯、烧伤，则应用平锉、砂布、铜锤等进行矫正。

8）分段绝缘器上的所有螺母重新进行紧固，如有损坏的则应更换。

（3）作业要求。分段绝缘器必须保证纵向及横向水平，分段绝缘器的工作面高度应比安装跨距两定位点接触线高度高20～40 mm。紧固分段绝缘器接头线夹时，扭矩扳手应调整为46 N·m。

5．分段绝缘器的更换作业

更换分段绝缘器前需用水平尺测量分段绝缘器所在地线路的轨面倾斜度，并做记录。然后用水平尺测量分段绝缘器所在地线路的轨面倾斜度，并做记录。更换分段绝缘器后，导滑板底部必须与轨平面保持平行。

6．分段绝缘器损坏的原因

（1）安装不良。分段绝缘器与接触线的接头线夹处状态不良会形成硬点，致使受电弓打坏分段绝缘器。调整不当会造成拉弧、撞击和硬点。导滑板不在一个平面，分段绝缘器底面不与轨面平行等会被运行的受电弓打伤或打坏导滑板和主绝缘。

（2）主绝缘损坏。分段绝缘器主绝缘（环氧树脂或硅橡胶材料）老化开裂和沟槽被污染等原因造成绝缘部分外露与距离不够而闪络击穿。

（3）零件磨损。部分零件腐蚀或磨损失修被拉断，如吊索或吊弦松动、固定线夹松动及导滑板严重磨损等。

（4）接触不良。分段绝缘器与接触线的接头线夹处连接状态不良形成严重硬点，导致接头处接触线磨耗严重，进而被拉断。分段绝缘器的安装高度不符合要求易引起弓网故障，从而损坏分段绝缘器。

（5）受电弓状态不良。电力机车受电弓的状态不良会刮伤分段绝缘器。

（6）意外接地。分段绝缘器处隔离闸刀的主闸刀在打开位置，接地闸刀在闭合位置，电动车组进入无电区，将无电区与有电区瞬间接通，造成接触网短路接地，短路电流通过分段绝缘器流经隔离闸刀的接地闸刀，将分段绝缘器烧毁。

2.1.2　隔离闸刀的装调

1. 隔离闸刀的用途

接触网隔离闸刀是轨道交通接触网牵引供电系统的重要设备之一，主要用于接触网的故障切除、分段停电检修、分段停电作业及改变供电运行方式等。

隔离闸刀可以将需要检修的设备或线路与电源隔离，或将线路分段。它能够在断口端接近等电位的条件下带负荷进行分合闸，从而变换线路的接线方式。

2. 隔离闸刀的参数要求（见表2—2）

表2—2　　隔离闸刀参数表

序号	项目名称		主要技术参数
1	安装方式		隧道壁上
2	极数		单极
3	额定电压		DC 1 500 V
4	最高工作电压		DC 1 800 V
5	额定电流	电动、手动开关	3 000 A
		带接地闸刀手动开关	1 500 A
6	2 s 热稳定电流		40 kA
7	动稳定电流（峰值，≥0.03 s）		100 kA

续表

序号	项目名称	主要技术参数
8	标称爬电距离	≥250 mm
9	雷电全波冲击耐压	100 kV
10	1 min 工频耐压	60 kV（干）、30 kV（湿）
11	开关主回路电阻	≤40 μΩ
12	开关触头（镀银）在最高环境温度下温升	≤65℃
13	开断电流	≥5 A
14	可靠分合次数（不调整）	≥3 000 次
15	开关机械寿命	≥10 000 次分合
16	0.35 mg/cm^2 盐密度下污耐受度	≥10 kV
17	支柱绝缘子： 抗弯破坏负荷 抗扭破坏负荷	 ≥4 000 N ≥1 000 N·m
18	操作机构箱防护等级	IP65
19	接线端子最大水平静拉力	150 N
20	隔离闸刀分闸到位时断口消弧杆间距离	≥200 mm
21	隔离闸刀消弧杆至结构绝缘距离	≥500 mm

3. 安装隔离闸刀的目的

隔离闸刀的作用是连通或切断接触网供电分段间的电路，增加供电的灵活性以满足检修和供电方式的需求。在正线、渡线、存车线、停车场、绝缘锚段关节、分区、分段绝缘器等需要进行电分段的地方都应设置隔离闸刀。操作隔离闸刀时必须在有电压而无负荷电流时进行分合闸。

4. 接触网隔离闸刀的种类

地铁接触网上采用1.5 kV级双刀头隔离闸刀和四刀头隔离闸刀，分为轻型和重型两种。

（1）重型隔离闸刀（见图2—3）。重型隔离闸刀主要应用于牵引变电站出线端的触网馈电开关和馈电开关间的联络开关，一般有手动和电动操作机构两种。国产偏重用于全部电动。

图 2—3　重型隔离闸刀

（2）轻型隔离闸刀（见图 2—4）。轻型隔离闸刀主要应用于车辆段的库线。专用线和库线间的联络开关一般都是手动操作机构，库线和专用线（练兵线、装载线等）则应加装接地部件。

图 2—4　轻型闸刀

5．运行中隔离闸刀可能出现的异常

隔离闸刀由于拧紧部件松动，刀闸触头合得不严或接触不良，造成过热或刀闸触头熔焊。在污秽严重或过电压情况下，发生闪络、放电、击穿接地现象会出现烧伤痕迹。

6. 隔离闸刀的检调作业准备

检调前要到牵引站确认牵引小车位置处于冷备用状态，将隔离闸刀分闸，并在分段两段挂设地线。检调作业完毕应恢复原状。

技能要求

分段绝缘器的故障判定及更换

操作要求

判定如下故障并进行处理：

1. 分段绝缘器导滑板烧伤。

2. 分段绝缘器绝缘杆拉弧。

3. 分段绝缘器导滑板偏磨。

4. 分段绝缘器导滑板一端的定位线夹偏移。

操作准备

1. 主要工具：触网常用扳手、水平尺、锉刀、砂布、直弯器、扭面器、手扳葫芦、钢丝套、紧线器。

2. 安全用具：接地棒、验电器、安全带、安全帽。

3. 测量工具：激光测量仪、钢卷尺。

4. 主要材料：分段绝缘器、零配件和辅助件。

操作步骤

步骤1　进行验电接地。

步骤2　进行分段绝缘器更换。

（1）测量该处的导高以及拉出值。

（2）在分段绝缘器两端合适位置分别安装紧线器，安装手扳葫芦，对分段绝缘器进行卸力。

（3）拆除悬吊装置。

（4）松动分段绝缘器与导线连接部件螺栓，拆除旧分段绝缘器。

（5）安装新分段绝缘器：注意线夹要卡在导线槽里，螺栓紧固力矩达到产品要求。

（6）卸掉手扳葫芦和紧线器。

（7）安装悬吊装置，根据曲线安装图表确定好滑轮最佳位置。

（8）安装导滑板和其他零配件。

（9）调整分段绝缘器：调整分段绝缘器的纵向和横向水平；调整分段绝缘器进出口处与导线等高；调整导线到导滑板接口平滑过渡；按照产品要求紧固螺栓。

（10）用直弯器消除紧线器安装位置的导线硬点。

步骤 3　工作结束后由工作负责人对人员、工器具及材料进行清点。

步骤 4　拆除接地线，作业人员撤离现场。

质量标准

1．分段绝缘器纵向和横向必须水平。

2．受电弓滑行通过分段绝缘器时要平滑过渡。

3．分段绝缘器上的所有螺栓应按产品要求紧固。

4．绝缘部件完好，表面清洁，无裂纹、破损、老化现象。

柔性绝缘子的故障判定及更换

操作要求

判定如下故障并进行处理：

1．绝缘子表面闪络。

2．螺栓连接处松脱。

3．底部变形。

操作准备

1．车辆：梯车。

2．工具：验电器、接地棒、伸缩梯、1.5 t 和 3 t 手扳葫芦、断线钳、钢丝绳、旗杆绳、激光测量仪、常用工具、照明器具、通信器具。

3．材料：绝缘子、绝缘胶垫、绝缘套管、接续条、铅丝、定位装置及相关零件、支持装置及相关零件。

操作步骤

步骤 1　检查绝缘子的损坏情况。

步骤 2　根据不同情况采取不同的措施。

（1）隧道段定位装置处绝缘子被击穿或断裂

1）直线段：直接拆除该定位管，使其脱离供电区域。

2）曲线段：更换绝缘定位管，等运营结束后再更换损坏的绝缘子。

3）符合送电条件后，通知电调送电，并清理现场。

4）在事故点派检修人员值守，观察若干辆电客车通过时的情况。

（2）馈线绝缘子被击穿或断裂

图2—5所示为馈线绝缘子的安装示意图。

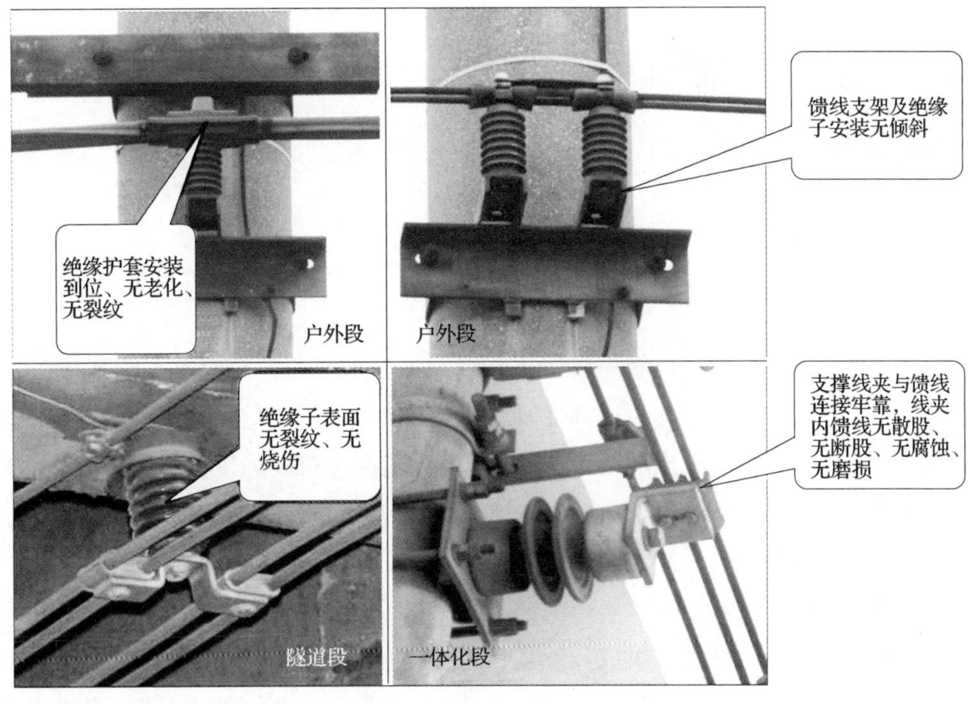

图2—5　馈线绝缘子正确安装示意

1）拆除损坏的绝缘子。

2）用绝缘胶垫或绝缘套管包裹馈线，脱离接地。

3）符合送电条件后，通知电调送电，并清理现场。

4）在事故点派检修人员值守，观察若干辆电客车通过时的情况。

（3）腕臂绝缘子被击穿或断裂

1）用手扳葫芦连接支柱和腕臂，将腕臂吊起，方便装拆绝缘子。

2）收紧手扳葫芦，拆除绝缘子与支柱抱箍的连接部件。

3）放松手扳葫芦，卸下损坏的绝缘子，更换新的绝缘子。

4）收紧手扳葫芦，安装绝缘子与支柱抱箍的连接部件。

5）拆除手扳葫芦。

6）在定位点处按技术要求调整，按偏移值调整吊弦。线路的导高、之字值按照技术要求调整，中锚按照技术指标调整。

7）清理现场。

2.2 锚固基础作业

知识要求

2.2.1 锚固基础

1．混凝土

混凝土分为普通混凝土与轻质混凝土。混凝土由水泥和骨料构成。普通混凝土的骨料通常采用砾石和砂子。其可由其他轻质材料（如浮石、陶粒、聚苯乙烯颗粒和用于混凝土的粉煤灰）代替轻质混凝土。因此，普通混凝土抗压强度比轻质混凝土的高。在混凝土中通常使用金属锚栓（后切底柱锥式锚栓、膨胀式锚栓或高强化学锚栓），在载荷要求较低的情况下也可选用尼龙材料锚栓。

2．墙体材料

墙体材料一般由两种材料组成：砂浆和砖（砌）块，其中包括实心砌块。材料的强度、密度和几何尺寸（外形尺寸、空洞等）各不相同。推荐的承载力只能作为参考。必要时在现场做现场适应性试验以确定其性能。

（1）致密性实心砖。致密建材如实心黏土砖或实心灰砂砖砌块具有很高的抗压强度。在此类材料中进行锚固时可选用尼龙锚栓。

（2）致密承压空心砖。这种砖包括空心砌块、空心黏土砖或灰砂砖砌块。这种材料的锚固需选用专用锚栓，如注射型锚栓或尼龙锚栓。

（3）高孔隙率实心砖。高孔隙率实心砖有轻质混凝土实心砖或加气混凝土砖，因其空隙较多，所以抗压强度低。在这类材料中锚固时，需要使用专用的锚栓，如有较大膨胀面积的锚栓，以及加气混凝土专用尼龙锚栓。

（4）高孔隙率空心砖。高孔隙率空心砖的抗压强度一般较低。在这种材料中锚固时，应根据孔隙的形状和尺寸，以及砖块的抗压强度正确选择锚栓，可以采用万能框架尼龙锚栓或膨胀区较长的尼龙锚栓。

3．板材

板材是指薄壁建材，通常强度较低，主要用于室内空间分隔，例如，纸面石膏板、石膏纤维板、高压密度板、硬纤维板和胶合板。在这类建材中可以采用直接固定在薄板背面的锚栓，即所谓的孔腔锚栓。

2.2.2 锚栓的安装

1．锚栓钻孔深度

由锚栓类型及规格来决定需要的钻孔深度 h_0，在大多数情况下，钻孔深度总大于锚固深度。

（1）锚固深度。锚固深度 h_{ef}是影响锚栓承载力的重要参数。后切底柱锥式锚栓与金属膨胀式锚栓的锚固深度为从承载基材表面到扩压片或膨胀片终点之间的距离；高强化学锚栓的锚固深度则为从承载基材表面到螺杆端头的距离；尼龙锚栓的锚固深度为从承载基材表面到尼龙膨胀片终点的距离。

（2）锚固厚度。锚固厚度等于被锚固件的最大厚度。如果锚固基础表面有非承重层，则该层厚度必须包括在锚固厚度内。如果采用内螺纹锚栓，则其锚固厚度可随所选合适的锚栓长度而变化，其他类型锚栓的锚固厚度一般有限定。

2．锚栓的边距、间距及基材（构件）厚度

锚栓的间距 s 是指相邻锚栓轴线之间的距离；边距 c 是指锚栓轴线到构件自由边缘的距离。构件厚度 h 是指结构构件的厚度。

为了充分利用基材强度，发挥锚栓的最大承载性能，必须保障一定的锚栓间距、边距和构件厚度。为了防止锚固基材劈裂、开裂或剥落，必须保障其最小的间距 s_{min} 和边距 c_{min}。

3．锚栓的安装方式

（1）预插式安装。预插式安装预先钻孔，锚栓端部与锚固基材表面齐平，再用螺母拧紧被锚固件。锚固基础的钻孔直径一般大于被锚固物的钻孔直径。

（2）穿透式安装。连带被锚固物同时钻孔，随后安装锚栓并拧紧。被锚固件上的钻孔直径至少等于锚固基础上的钻孔直径。

（3）间隔式安装。间隔式安装是指被锚固物与锚固基础表面相隔一段距离。内螺

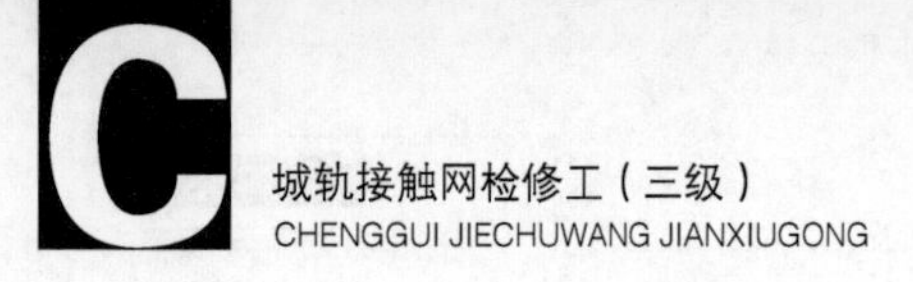

纹金属锚栓多采用这种安装方式。

4．锚栓的荷载类型

在建筑行业，作用在结构上的外力称作“荷载作用”。荷载有各自的作用频率和持续时间。

（1）载荷按变化频率分类

1）频率没有变化的载荷（类似静荷载作用）：恒载、约束力、隔墙、设备。

2）低频率

①无惯性力、静载荷作用：约束力。

②有惯性力、动载荷作用：冲击力、地震力、爆炸力。

3）高频率

①无惯性力、可变载荷作用：桥面、电梯荷载。

②有惯性力、动载荷作用：冲力机、锻造机。

（2）静载荷定义。静载荷作用是指载荷为恒定值，或缓慢变化没有惯性力产生的荷载，常称为类静态载荷。

（3）可变载荷定义。如果载荷变化为高频率，且无惯性力出现，则称为可变载荷作用，也称疲劳载荷。

（4）动载荷定义。如果有惯性力作用，就会产生动载荷，它依赖荷载变化的频率。惯性力是通过冲击、地震、爆炸或有质量加速度的机器产生的。

静载荷是恒载和缓慢变化载荷的总称，对锚固而言，即是被连接件的重量和永久载荷。

混凝土蠕变和温度变化也可能引起被连接件的变形。对于受几何尺寸、安装位置和锚固基材等因素影响的锚栓，如果要防止这些变形，那么锚栓将受到附加载荷的作用。根据温度变化的频率，疲劳程度将可能产生明显的影响。

静载荷和动载荷的主要区别在于惯性力和阻尼力。

为了正确、合理地选择锚栓类型和规格，必须了解其所受的各种载荷作用。载荷作用的大小、方向和作用点都会影响其作用结果。

5．锚栓作用原理

锚栓主要有三种承载原理：凸形结合、摩擦结合和材料黏结。

凸形结合时，作用在锚栓上的载荷通过机械啮合传递到锚固基础中，锚栓在扩孔部分与锚固基础形成凸形结合，通过凸形结合将载荷传递给锚固基础。

膨胀型锚栓的承载原理是摩擦结合。锚栓安装时产生膨胀力，进而产生摩擦力。

膨胀力可通过两种途径产生：扭矩控制或位移控制。扭矩控制锚栓是通过用扭力扳手施加规定的力矩产生膨胀力的。在此过程中，锥体螺杆压入膨胀套管内，把膨胀片挤向孔壁，如果扭矩达到规定的安装扭矩，锚栓就达到了正确的膨胀状态（扭矩控制）。位移控制是把锥体螺杆敲击入膨胀套筒内，达到规定的击入行程使膨胀片膨胀（位移控制）。

第三种作用原理是材料黏结。在这种情况下，荷载通过胶粘材料传递到锚固基础。

技能要求

分段联络开关的故障判定及调整

操作要求

对如下故障进行判定并进行调整：

1. 动静刀头有异物缠绕。
2. 合闸时动刀头不到位。
3. 消弧棒分闸时间隙偏小。

操作准备

1. 主要工具：触网常用扳手、开关摇手柄、开关钥匙、梯子、专用油脂、绳子。
2. 安全用具：接地棒、验电器、安全带、安全帽。
3. 测量工具：塞尺、卷尺。

操作步骤

步骤1　进行验电接地。

步骤2　确认牵引小车位置处于冷备用状态，确认隔离闸刀在合闸状态。

步骤3　打磨动静刀头，消除表面异物。

步骤4　拧开动刀头固定端螺母，调整螺母力矩。

步骤5　在合闸位置时用0.05 mm×10 mm的塞尺检查刀片密合情况（塞入深度为20 mm）。

步骤6　涂抹专用油脂。

步骤7　松开消弧棒根部固定螺母，调整放电间隙至150 mm以上。

步骤8　在就地操作箱上进行分合闸操作，现场确认开关是否到位。

步骤9　对人员、工器具及材料进行清点。

步骤 10　拆除接地线，作业人员撤离现场。

质量标准

1．合闸后静动刀片到位，刀片无烧伤、腐蚀等痕迹。

2．用 0.05 mm×10 mm 的塞尺检查刀片密合程度，塞入深度为 20 mm。

3．手动机构的连杆操作必须通畅，无碰套环及其他部件情况。

4．各部件螺栓紧固情况良好。

5．绝缘子外表面清洁，无烧伤、裂纹、破损、老化现象。

6．隔离闸刀消弧棒在分合闸过程中与动静刀头配合到位，分闸后保持 150 mm 以上的距离。

天津长城隔离闸刀（见图 2—6）的故障判定及调整

操作要求

对如下故障进行判定并进行调整：

1．绝缘子轻微闪络。

2．动刀头合闸不到位。

3．上网电缆松动。

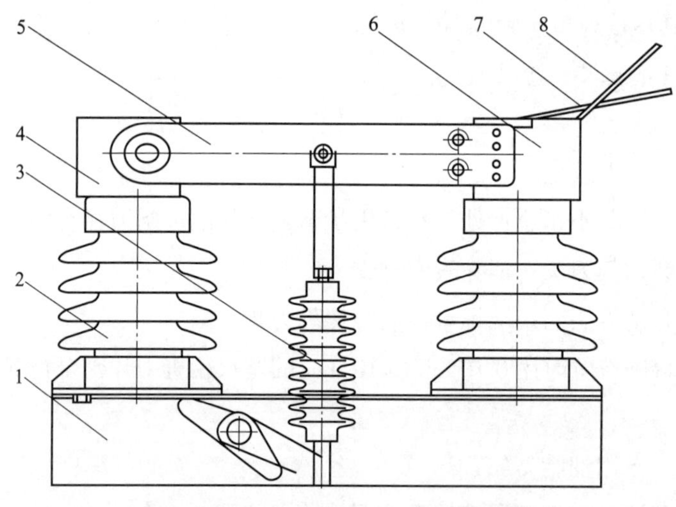

图 2—6　天津长城隔离闸刀示意图

1—底架　2—支持绝缘子　3—拉杆绝缘子　4—动触座　5—主触刀

6—静触座　7—消弧动触头　8—消弧静触头

操作准备

1. 车辆：梯车1辆、抢修机动车。

2. 工具：验电器、接地棒、伸缩梯、常用工具。

3. 材料：吊弦若干、铅丝、各种类型的动、静触头的刀片和开关绝缘子、隔离闸刀引线及连接部件。

操作步骤

步骤1 打磨掉绝缘子上的氧化物。

步骤2 测量动刀头的弯曲程度，使用扭面器将动刀头恢复到笔直状态（必要时更换动触头刀片）。

步骤3 在就地操作箱上操作开关，观察动刀头在分合闸过程中的动作状态，直到调整至正常状态。

步骤4 松开开关上的上网电缆固定螺母，并用手扳葫芦、紧线器等固定电缆。

步骤5 使用断线钳、压接钳等剥离电缆端部。

步骤6 将剥离后的电缆重新安装到隔离闸刀上，并进行固定。

步骤7 再次操作开关，确保电缆不影响开关机构的行程动作。

步骤8 清理场地，并拆除接地线。

弹性元件（包括弹性支架等）的故障判定及更换

操作要求

对如下故障进行判定并进行调整：

1. 弹性元件扭力不足。

2. 弹性元件从绝缘底座中松脱。

3. 弹性元件本体开裂。

操作准备

1. 主要工具：手扳葫芦（曲线用）、常用扳手、钩头扳手、水平尺、扭力扳手、套筒扳手、一字旋具。

2. 安全用具：接地棒、验电器、安全带、安全帽。

3. 测量工具：激光测量仪、卷尺。

4. 主要材料：弹性元件、各种辅助件。

操作步骤

步骤 1　进行验电接地。

步骤 2　弹性元件更换。

（1）测量导高和拉出值：测量出更换定位点和相邻两定位点的导高和拉出值。

（2）拆除旧弹性元件：先拆除定位管，再拆弹性元件。

（3）安装新弹性元件：事先在下面调整好弹性框架，使得有一定角度；再将叉形双耳放在中间位置；拿到作业平台上后安装到底座上；安装好定位管。

（4）调整弹性元件：用钩头扳手调整弹性元件，使得导高符合标准，指针在红点范围内，拧紧弹性元件紧固螺栓；调整定位管间距和拉出值；调整调节螺栓间隙；检查所有螺栓紧固情况；用抹布将绝缘子清扫干净。

步骤 3　工作结束后由工作负责人对人员、工器具及材料进行清点。

步骤 4　拆除接地线，作业人员撤离现场。

质量标准

1．弹性元件指针在红点范围内，弹性均匀。

2．弹性元件紧固螺栓力矩为 35 N。

3．调节螺栓间隙为 3 mm。

4．两导线线面水平。

5．两导线线间距为 40 mm，两定位管间距为 250 mm。

理论知识复习题

一、判断题（将判断结果填入括号中。正确的填“√”，错误的填“×”）

1．接触网是一种特殊形式的输电线路，为了保证供电的可靠性和灵活性，要进行电气分段。（　）

2．按照设计要求，分段绝缘器必须安装在直线线路。（　）

3．受线路条件等因素的制约，难以布置绝缘锚段关节时，通常设置非绝缘锚段关节。（　）

4．安装隔离闸刀增加了接触网供电的灵活性和灵敏性。（　）

5．锚固基础的类型、特征和强度决定锚栓的选择。（　）

6．致密性材料具有很高的抗压强度，此类材料锚固时可选用尼龙锚栓。（　）

7．锚栓钻孔深度由锚栓类型及锚固基础决定。（　）

8. 内螺纹锚栓其锚固厚度不随所选锚栓长度而变化。（　　）

9. 为了防止锚固基材劈裂、开裂或剥落，必须保障最大的间距和边距。（　　）

10. 在建筑行业，作用在结构上的外力称作“载荷作用”。（　　）

11. 锚栓主要有三种承载原理：凸形结合、摩擦结合和材料黏结。（　　）

12. 被连接件的重量和永久载荷是锚固的静载荷。（　　）

13. 锚栓凸形结合时，作用在锚栓上的载荷通过摩擦结合传递到锚固基础中。（　　）

14. 锚栓可能由于各种不同的应用边界条件发生失效破坏。（　　）

15. 隔离闸刀由于拧紧部件过紧，闸刀触头合的不严或接触不良，造成过热或闸刀触头熔焊。（　　）

二、单项选择题（选择一个正确的答案，将相应的字母填入题内的括号中）

1. 以下哪项是接触网电气分段的作用（　　）。

A. 保证供电可靠性　　B. 保证供电灵活性

C. 缩小事故范围　　D. 以上均是

2. 受线路条件等因素的制约，难以布置绝缘锚段关节时，通常设置（　　）。

A. 分段绝缘器　　B. 绝缘锚段关节

C. 隔离闸刀　　D. 下锚装置

3. 在正常情况下，电客车受电弓滑行通过分段绝缘器时，需与（　　）接触良好。

A. 消弧角　　B. 接头线夹　　C. 导滑板　　D. 绝缘部件

4. 刚性分段绝缘器的绝缘体应为高分子聚合材料，以便具有良好的自洁性和（　　）。

A. 耐弧性　　B. 轻便性　　C. 互换性　　D. 憎水性

5. 分段绝缘器的工作面高度应比安装跨距两定位点接触线高度高（　　）mm。

A. 0～20　　B. 20～40　　C. 40～60　　D. −20～0

6. 更换分段绝缘器前，需用（　　）测量分段绝缘器所在地线路的轨面倾斜度，并做记录。

A. 激光测量仪　　B. 经纬仪　　C. 卷尺　　D. 水平尺

7. 隔离闸刀在断口端接近（　　）的条件下，带负荷进行分合闸，以变换双母线或其他不长的并联线路的接线方式。

A. 等电位　　B. 等电流　　C. 等负荷　　D. 等功率

8. 隔离闸刀分闸到位时，断口消弧杆间的距离不小于（　　）mm。

A．50　　B．100　　C．200　　D．500

9．在车站、渡线、存车线、车辆厂等场所需要进行电分段，凡需要进行电分段的地方都应设置（　　）。

A．隔离闸刀　　B．分段绝缘器

C．绝缘锚段关节　　D．非绝缘锚段关节

10．在污秽严重或（　　）情况下，发生闪络、放电、击穿接地现象会出现烧伤痕迹。

A．欠电压　　B．欠电流　　C．过电压　　D．过电流

11．锚固基础的类型、特征和（　　）决定锚栓的选择。

A．强度　　B．牢度　　C．硬度　　D．密度

12．致密性材料具有很高的抗压强度，在此类材料中锚固可选用（　　）。

A．尼龙锚栓　　B．木榫　　C．化学锚栓　　D．金属锚栓

13．后切底柱锥式与金属膨胀式锚栓的锚固深度为从（　　）之间的距离。

A．螺母接触表面到扩压片或膨胀片终点

B．承载基材表面到扩压片或膨胀片起点

C．承载基材表面到扩压片或膨胀片终点

D．钻孔深度

14．锚固厚度等于被锚固件的（　　）厚度。

A．最大　　B．最小

C．最大厚度减调节余量　　D．最小厚度加调节余量

15．膨胀力较高的膨胀锚栓常发生（　　）破坏。

A．拔出　　B．穿出　　C．剥落　　D．劈裂

理论知识复习题答案

一、判断题

1．√　2．√　3．×　4．×　5．√　6．√　7．×　8．×
9．×　10．√　11．√　12．√　13．×　14．√　15．×

二、单项选择题

1．D　2．A　3．C　4．D　5．B　6．B　7．A　8．C
9．A　10．C　11．A　12．A　13．C　14．A　15．B

第3章 接触网施工作业

学习目标

- ✔ 掌握接触网的架设方法。
- ✔ 了解接触网检修常用仪器仪表使用方法和施工常用吊装机械作业。
- ✔ 掌握各类接触网的锚段关节检调方法、维护工艺。
- ✔ 了解各类接触网的锚段关节结构特征和技术特点。
- ✔ 掌握维修与抢修常用工具、器具的使用方法和注意事项。
- ✔ 了解轨道车、检测车和车梯的使用方法和注意事项。
- ✔ 掌握冷滑试验的程序和安全注意事项。
- ✔ 了解送电开通要求的竣工验收程序和要求。
- ✔ 掌握牵引供电系统的组成及其作用。
- ✔ 了解牵引供电保护。
- ✔ 掌握受电弓的组成及其弓网关系。
- ✔ 了解受电弓的动作原理、特性、参数等。

3.1 接触网施工

知识要求

3.1.1 接触网的架设

1. 接触线的架线准备

接触网架设主要是指承力索、接触线架设和接触悬挂的调整。接触网架设与调整的质量直接影响着列车运行速度和供电质量，因而接触网架设与调整是接触网施工中非常重要的环节。从工程角度看，架设接触悬挂通常是先挂承力索，再挂接触线。

接触网架设的工作一般是利用架线作业车组来完成的，需要占用站场或区间的运行线路，因此架线前必须先做好人员组织，工具、器具和材料的准备工作，以免过多的占用线路时间。

要保证架线时不发生危险、不影响通信线路，还应检查线路中有关平交道口的限界门是否安装合格。

在股道较多的站场上架设承力索和接触线时，为了减少架线时的穿线次数，应根据设计图纸上接触网布置的情况，事先做好接触网架设程序表。

为了使每个锚段中线索的接头数不超过规定的数量，并节省线材，应合理选择不同长度的线盘，做到长锚段用大盘，短锚段用小盘。也可以按照设计图纸中的各个锚段长度订购接触线，杜绝接触线浪费。

架线前应将起锚和下锚柱上的补偿装置全部安装好，并准备好架线所用的各种工具和材料。目前，接触网架设已采用较为先进的专用架线车和线盘车，因此可保证架线作业的顺利进行。

2. 承力索的架设

采用链型悬挂的接触网，其放线的先后程序是先架设承力索，后架设接触线。从技术角度考虑，当承力索无补偿下锚时，应预先准备好承力索无载弛度—温度安装曲线图。有补偿下锚时，应准备好承力索补偿坠砣安装曲线，由 1 人负责测量。

承力索的弛度测量方法：首先根据平面图计算该锚段的当量跨距，然后查出在此当量跨距下的承力索无载弛度—温度曲线，得出该检测跨距和温度卜的弛度设计值。一般在锚段中部附近选择 1 ~ 2 个大跨距进行实际弛度的测量，用测杆和盒尺分别量出每跨两侧悬挂点及跨中承力索到轨面的垂直高度，如图 3—1 所示。

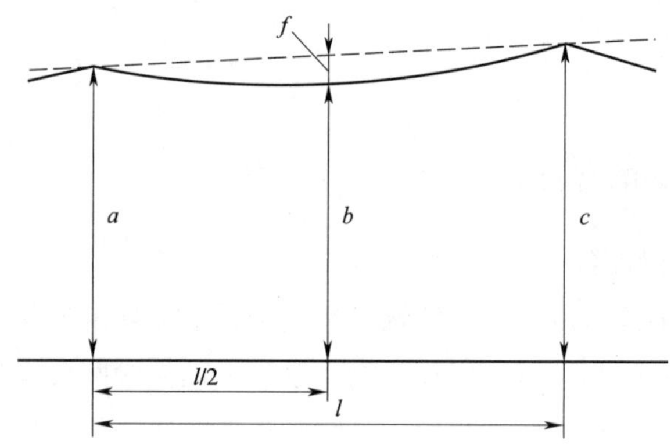

图 3—1 承力索弛度测量

由于新承力索承载后会伸长，所以实际弛度应比设计值小 10 mm。测量弛度的人员应随时将测量情况通知下锚端的紧线人员，当实际弛度满足要求后即可停止紧线，承力索弛度误差在接触网检修规程上规定：半补偿链型悬挂和简单悬挂为设计值的 15%，全补偿链型悬挂为设计值的 10%。

承力索有补偿下锚时，坠砣高度在符合补偿坠砣安装曲线要求并加上初伸长后，停止紧线。紧线时应先将起锚坠砣拉到规定高度，再调整下锚坠砣高度。

承力索架设应该由专人统一指挥。采用新型架线车作业时，一般有 4 人在架线台上，其中 1 人利用架线引导装置控制承力索走向，另两人负责把偏斜的腕臂摆正，并同时将承力索挂在腕臂端部的开口滑轮中（开口滑轮可事先挂好），最后由两人在台架控制器旁负责控制作业台架的升、降与旋转。线盘上有两人负责放线和制动线盘，其余每隔几个支柱设防护员1人，禁止无关人员在承力索下方行走，并观察承力索是否从滑轮中脱落。

架线车速度一般不超过5 km/h，启动、停车时要平稳，不能急停、急开。线盘架前不得站人，以防意外。

当采用先进的架线车组施工时，可实行带张力放线，张力可控制在1.5～3.0 kN。目前的架线车组均可利用旋转、升降作业台同时完成起锚和落锚作业，效率比以前提高30%左右。对未采用新型架线车作业的区段，可将承力索用楔形紧线器临时固定在架线车尾部，由架线车带紧承力索，再用紧线装置正式紧线，以缩短紧线时间。通常情况下，架设一个锚段的承力索约需占用线路1.5 h或更短，线索架设如图3—2所示。

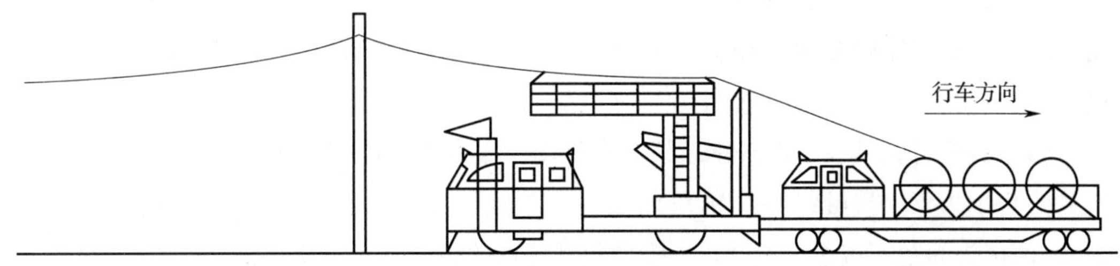

图3—2　线索架设示意图

承力索终锚后应及时将其从放线开口滑轮中倒入腕臂端部（软横跨为上部固定索）的钩头鞍子、杵座鞍子或悬吊滑轮中，一般采用4～5人使用大梯子作业，在曲线半径小于450 m的曲线地段作业时应适当增加施工人员。

放线滑轮的类型要根据所放线索的材质确定，镀锌钢绞线采用铁滑轮，铝包钢绞线、钢芯铝绞线、多股铜绞线及接触线采用铝滑轮。在中国哈大线的施工中，为了避免滑轮对接触线的磨损，采用了尼龙或塑料放线滑轮。

需要注意的是，承力索必须位于接触线上方。如果承力索不在接触线的上方，且超过规定误差时就会通过吊弦把接触线面拉歪，这样就会产生不良后果。

3. 柔性接触线的架设

上海地铁的接触网分为柔性接触网和刚性接触网两种，下面我们对这两种不同形式的接触网架设情况进行介绍，并结合具体的施工方法进行说明。

接触线架设应在承力索架设及吊弦全部安装后进行，架设方法与承力索相同，只是架线台上的作业人员除要将接触线放于定位点处的开口滑轮中外，还应在每根吊弦处用S形铁钩进行临时系定（为了减少S形铁钩对接触线的磨损，易采用尼龙S钩或者套有胶皮的S形铁钩）。

接触线的紧线方式与承力索一样，即将紧线器的一端连在补偿器的动滑轮上，另一端通过紧线线夹固定在下锚的接触线上，用紧线滑轮组紧线。

施工放线时，承力索、接触线有损伤时应按下列要求进行处理：

（1）镀铝锌钢绞线、铜、钢承力索19股中断一股，可用同材质线扎紧使用；断两股及以上应截断重接。绞线有交叉、松散、硬弯、折叠应修复使用，无法修复的永久变形应截断重接，有轻微松散受力后能复原的可不作处理。

（2）钢芯铝绞线承力索，损伤截面为导电部分截面的7%及以下，且强度损失小于5%，可采用同材质线材扎紧使用；损伤截面大于导电部分截面的7%以上，强度损失大于5%时应截断重接。钢芯断一股应截断重接。

（3）铜、铜合金接触线在同一截面处损伤大于其截面的10%时应截断重接；钢铝接触线同一截面处钢截面损伤大于钢截面的10%时应截断重接（铝截面损伤标准暂缺），钢铝接合开裂处应截断重接。

（4）镀铝锌钢绞线、镀锌钢绞线7股中断一股及以上应截断重接。

（5）承力索、接触线每个锚段内接头，正线1个、站线两个（不含锚支上的接头）。两接头间距不应小于150 m，接头距悬挂点的距离不应小于2 m。

4．刚性接触线的架设

由低净空作业车和放线作业车组成刚性悬挂架线作业车组。放线作业车在前，低净空作业车在后，往前推动接触线线盘进行接触线架设。

（1）接触导线的检查。检查核对配盘表，所有锚段是否都已配盘，每个线盘的长度是否足够，并与每个盘上的实标长度相核对，保证所有刚性锚段接触导线都架设一整条接触导线，不允许中间断开，进行接续。

导线盘及盘孔应牢固完好，不应有扭曲和损坏；导线应一层层整齐密贴缠绕，不得有相互嵌缠的情况；导线不得有损伤、扭曲，不能有硬弯，连轻微的硬弯都不能有，否则此点将会是硬点，造成刚性悬挂永久性无法处理的缺陷。

（2）线盘吊装。按导线配盘表吊装线盘，核对线盘号，每次放线后，都应标明已放锚段和导线长度、剩余导线长度。

线盘吊装时应插轴吊装，防止损伤线盘和导线。导线线盘吊装时应确保导线放出方向与车组前进放线方向一致。

（3）架线流程。图3—3所示为架线安装流程及示意图。

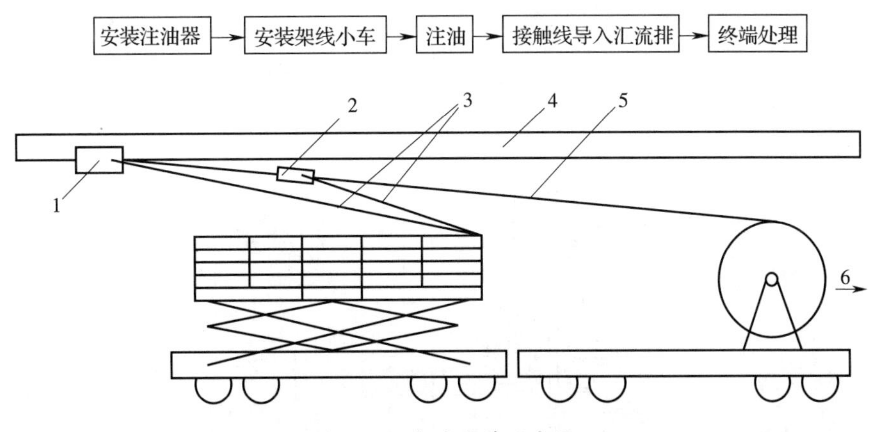

图 3—3　架线安装示意图

1—换线小车　2—涂油装置　3—牵引绳　4—汇流排　5—接触线　6—安装方向

（4）架线步骤及注意事项

1）在第一、二个悬挂定位点两端，用锚固线夹卡住汇流排，使汇流排在放线时不能滑动。

2）将接触导线穿入注油器内，用排刷将导电油脂均匀涂抹在导线两凹槽内，注意导线工作面向下，不得翻转。涂油装置如图 3—4 所示。

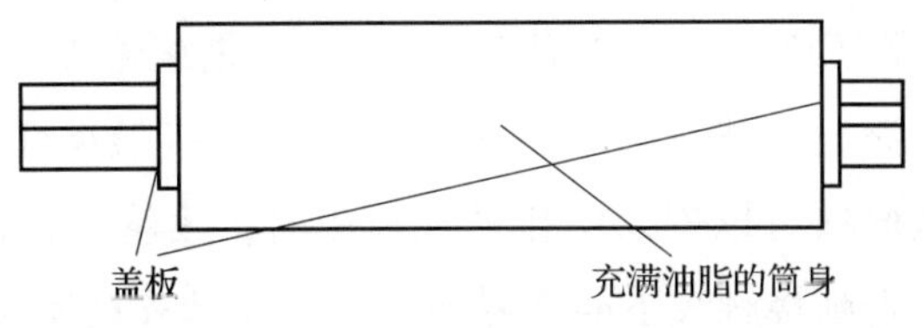

图 3—4　涂油装置示意图

涂油装置是一个充满油脂的筒状物，接触线从中穿过。筒的两端用盖板封闭。涂油装置由工作车牵引，接触线进入并涂油。在出口盖板处有一个环，用于刮去接触线表面的油脂。这样就只有接触线的凹槽涂上了油脂。对于不同型号的接触线，都有相对应的环。

3）在汇流排上安装好架线小车，调整架线小车，将接触导线从汇流排终端端头嵌入汇流排。架线小车结构如图 3—5 所示，操作程序如下。

架线小车有四个水平运行在铝排下水平面的滚轮 A 和四个运行在铝排下面卡脚沟槽里面的直径稍大些的滚轮 C。所有这些滚轮都装有滚珠轴承。增加滚轮 C 的间距，可以扩大铝排的夹口。滚轮 E 把接触线向上压入夹口的合适高度。

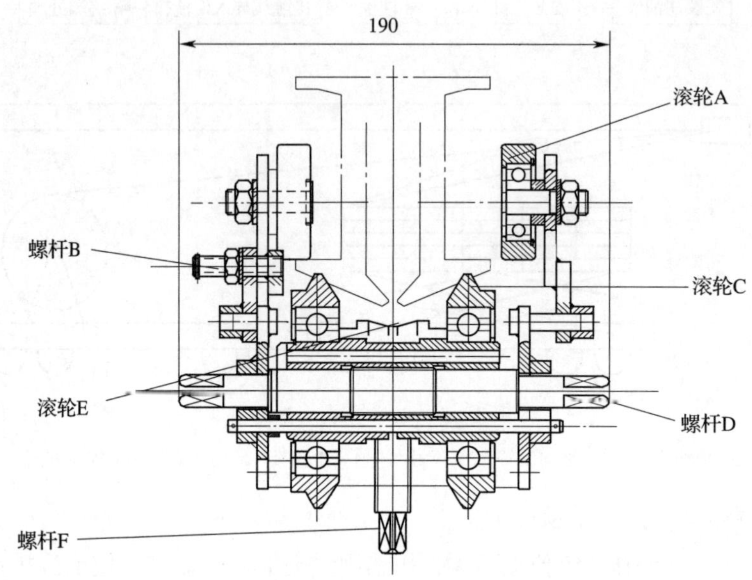

图 3—5　架线小车结构示意图

在汇流排上安装换线小车时，首先松开螺栓 B，以空出滚轮 A 安装需要的侧面轨腰的位置。然后调整螺栓 D，使得滚轮 C 把沟槽的间距扩大至需要的尺寸。

为了保证换线小车的位置正确，螺栓 B 旋至轨腰侧面，把滚轮 A 导入其运行面。

调整好换线小车之后（滚轮 C 进入凹槽，滚轮 A 的侧面接触良好），旋转螺栓 D 以扩大滚轮 C 的间距。当接触线可以嵌入铝排的夹口中时，滚轮 C 的间距就可以了。滚轮 C 的间距也不能太大，否则接触线不能很好地嵌入，并且移动换线小车需要的牵引力会很大。确认接触线没有扭曲，其两侧的沟槽准确地对着铝排的夹口。调整好滚轮 C 的间距并检查接触线嵌入在正确位置后，旋转螺栓 F 以升高滚轮 E，将接触线压入夹口的正确高度。

拖动换线小车，铝排被撑开，接触线就被嵌入，然后夹口闭合卡住接触线。安装过程中，注意在接触线上涂好油脂，并且没有扭曲的铝排和铝排对正，进一步保证从换线小车出来的接触线的两侧凹槽准确嵌入夹口。

4）安装好注油器，启动电动注油装置，把导电油脂注入接触线两凹槽内。注油器始终处于放线小车前方，在接触导线上顺畅滑行。

5）架线小车用拉线固定于前端牵引支架上，由车辆带动前进，适时调整牵引支架使牵引方向始终位于汇流排正下方，牵引支架与接触线铜导槽组联动，使接触导线展放顺滑自然。牵引支架设有紧急脱扣装置，在列车前进中，如遇到架线小车被卡住的情况，拉线应能随时脱离牵引支架，防止拉坏整个汇流排结构。

6）架线作业车组以 2 km/h 的速度匀速架线。架线小车前设一人负责检查调整，使接触线燕尾端位于汇流排开口正下方，平行于汇流排。架线小车后左右各设一人仔细检查接触线的嵌入状况，当发现接触线嵌入不到位时，及时停车，退回架线小车（张力放线车不得后退），退出此段线，重新用架线小车嵌入汇流排。

7）接触线架设至汇流排末端时，在架线小车到达汇流排弯曲端前，放线车辆停车。人工匀力拉动架线小车，把接触线导入汇流排终端，锁紧终端螺栓，接触线沿终端方向顺直外露100～150 mm，用钢锯断开接触线，并用锉刀将端头打磨平整光洁，并将其向上弯曲。从汇流排卸下架线小车。

8）拆除第一、二定位点处的临时锚固装置。

（5）技术要求

1）接触导线嵌入汇流排前必须在两凹槽内均匀注入导电油脂，应无遗漏。

2）导线不得有损伤、扭曲，在锚段内无接头、无硬弯。

3）架线小车应调整好工作状态，导线与汇流排贴合，当导线未完全嵌入汇流排时，应倒回架线小车将导线拉出，重新嵌入。

4）分段绝缘器和汇流排终端处的导线端头应严格按照设计和产品安装技术要求处理，端头平整光洁，不应碰弓或出现硬点，螺栓紧固力矩应符合设计或产品安装技术要求。

（6）注意事项

1）架线列车两端应设置红闪灯，列车行进前方专人负责瞭望引道，列车行进由施工负责人统一指挥。

2）作业车上的所有施工人员必须戴好安全帽，面对列车行进方向，注意隧道顶上的突出悬挂结构，以防挂伤。

3）接触导线盘上的隔纸等杂物应清理干净，不应带嵌入汇流排内。

5．接触线的架设施工程序及注意要点

（1）前期准备

1）收集施工区段内每组下部定位绳处接触线定位点的导高及拉出值，将它们作为更换接触线、下锚绝缘子、下锚钢丝绳后调整导高及拉出值的原始依据。

2）申请停电及线路封锁命令。

3）接到施工指令后在施工区段两端设置接地棒。

（2）人员组织（见表3—1）

表3—1 人员组织

序号	施工人员	单位	数量	备注
1	施工负责人	人	1	现场施工组织及协调
2	技术员	人	1	技术负责
3	安质员	人	1	安全、质量负责
4	技术工人	人	4	每个作业组
5	辅助工人	人	12	每个作业组
6	要令和消令人员	人	1	申请停电及送电
7	安全防护员	人	2	安全防护
8	轨道车司机	人	2	放线

（3）主要施工机具的准备（见表3—2）

表3—2 主要施工机具的准备

序号	名称	单位	数量	备注
1	载重汽车	辆	1	—
2	客车	辆	2	—
3	梯车	台	4	—
4	手扳葫芦（3 t）	套	2	—
5	链条葫芦（3 t）	套	2	—
6	滑车组	套	2	—
7	DJJ激光检测仪	台	1	检测高度和拉出值
8	接地棒	付	2	—
9	验电器	付	2	—
10	轨道车	辆	1	带放线平板
11	对讲机	台	6	—
12	钢卷尺	把	6	—
13	钢丝套	套	7	—
14	工具（各种规格）	套	10	—
15	断线钳	把	2	—
16	水平尺（600型）	把	5	—
17	顶弯器	套	2	—
18	扭面器	套	5	—

（4）工艺流程（图3—6）

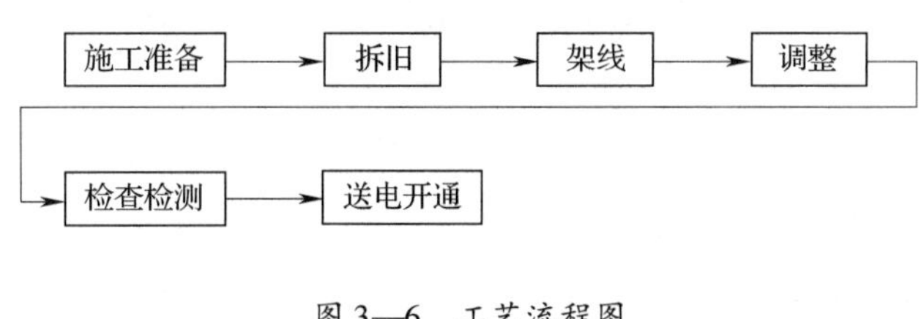

图3—6　工艺流程图

（5）操作步骤及要点

1）拆旧

①接到施工区段封锁和停电命令后，在施工区段两端验电接地。

②用链条葫芦将接触线的张力倒到链条葫芦上，拆脱终端线夹，松链条葫芦将接触线的张力卸掉。

③拆掉线岔，拆电连接，松开吊索线夹和定位线夹，取下分段绝缘器，松开中锚线夹，将旧线放到地上。

④卸下坠砣，取下旧下锚绝缘子和下锚钢丝绳，将预制好的新下锚钢丝绳和下锚瓷瓶装上并重新装上坠砣。

2）架线

①架线车行至起锚点，将预制好的终端线夹连接到下锚瓷瓶上，车组平缓起动，调整线盘放线张力至2～3 kN，放线车组以2～5 km/h匀速向下锚方向行驶。

②在各悬挂点处挂铁丝套子及放线滑轮，将线索放于放线滑轮内，保证线索能顺线路无障碍自由通过。

③架设过程中，张力控制人员随时观察线盘的转动情况和张力大小。

④架线过程中，架线巡视人员随时汇报有无异常情况。

⑤架线作业车组行至下锚处时，作业平台尽可能地接近下锚处，架线巡视人员确认导线无卡滞现象后由下锚人员进行紧线下锚。

⑥紧线在作业平台上进行，紧线前应确认各部件连接牢固。在楔型紧线器或角型紧线器的后侧安装钢线卡子，防止紧线器滑脱。拉动链条葫芦，使导线达到额定张力，确认坠砣离地高度符合要求且坠砣能自由滑动。根据补偿绳和导线终端位置剪断导线，做好终端线夹，将终端线夹连在下锚瓷瓶上。

⑦缓慢松开链条葫芦，将张力全部转移的下锚装置上后，取下楔型紧线器、滑轮组、链条葫芦。

3）调整

①先安装中锚，然后从中锚向两端下锚方向进行调整，无中锚的锚段从硬锚处向补偿下锚方向进行调整。

②导高、拉出值、定位管偏移调整到位后安装电连接、线岔、分段绝缘器，再根据事先测得的数据调整线岔和分段绝缘器。

4）检查、检测。施工完成后应当对导高及拉出值进行测量，确认是否达到设计要求，同时检查施工区段是否已经达到送电开通条件。

5）送电开通。检查接触网状态正常后，将施工机具、材料撤出施工现场，撤除接地棒，施工负责人通知要令、消令人员施工完毕且可以送电并撤销封锁命令。

（6）注意事项

1）加强安全监护，防止施工人员及施工器具从高空坠落。

2）注意保护既有设施，防止损坏。

3）注意文明施工，施工完毕后对施工工具和施工垃圾进行及时清理，做到工完料清，保持环境卫生。

3.1.2 接触网检修常用的仪器仪表

1．水准仪

（1）水准仪器由望远镜、调整手轮、圆水准器、微调手轮、水平制动手轮、管水准器、水平微调手轮、脚架组成。

（2）操作要点。在未知两点间，摆开三脚架，从仪器箱取出水准仪安放在三脚架上，利用三个机座螺丝调平，使圆气泡居中，然后调平管水准器。水平制动手轮是调平的，在水平镜内通过三角棱镜反射，使之水平重合。将望远镜对准未知点 1 上的塔尺，再次调平管水平器，读出塔尺的读数（后视），把望远镜旋转到未知点 2 上的塔尺，调整管水平器，读出塔尺的读数（前视），记到记录本上。计算公式：两点高差 = 后视 − 前视。

（3）校正方法。将仪器摆在两固定点中间，标出两点的水平线，称为 ab 线，移动仪器到固定点一端，标出两点的水平线，称为 $a'b'$。当 $a-b \neq a'-b'$ 时，将望远镜横丝对准偏差一半的数值。用校针将水准仪的上下螺钉调整，使管水平泡吻合为止。重复以上做法，直到相等为止。

（4）水准仪的使用方法。水准仪的使用包括水准仪的安置、粗平、瞄准、精平、读数五个步骤。

1）安置。安置是将仪器安装在可以伸缩的三脚架上并置于两观测点之间。首先打开三脚架并使高度适中，用目估法使架头大致水平并检查脚架是否牢固，然后打开仪器箱，用连接螺旋将水准仪器连接在三脚架上。

2）粗平。粗平是使仪器的视线粗略水平，利用脚螺旋置圆水准气泡居于圆指标圈之中。具体方法用仪器练习。在整平过程中，气泡移动的方向与拇指运动的方向一致。

3）瞄准。瞄准是用望远镜准确地瞄准目标。首先是把望远镜对向远处明亮的背景，转动目镜调焦螺旋，使十字丝最清晰。再松开固定螺旋，旋转望远镜，使照门和准星的连接对准水准尺，拧紧固定螺旋。最后转动物镜对光螺旋，使水准尺的像清晰地落在十字丝平面上，再转动微动螺旋，使水准尺的像靠于十字竖丝的一侧。

4）精平。精平是使望远镜的视线精确水平。微倾水准仪，在水准管上部装有一组棱镜，可将水准管气泡两端折射到镜管旁的符合水准观察窗内，当气泡居中时，气泡两端的像将符合成一抛物线形，说明视线水平。若气泡两端的像不相符合，说明视线不水平。这时可用右手转动微倾螺旋使气泡两端的像完全符合，仪器便可提供一条水平视线，以满足水准测量基本原理的要求。注意气泡左半部分的移动方向总与右手拇指的方向不一致。

5）读数。用十字丝截读水准尺上的读数。现在的水准仪多是倒像望远镜，读数时应由上而下进行。先估读毫米级读数，后报出全部读数。

需要注意的是，水准仪的使用步骤一定要按上面的顺序进行，不能颠倒，特别是读数前符合水泡的调整，一定要在读数前进行。

（5）水准仪的测量。测定地面点高程的工作称为高程测量。高程测量是测量的基本工作之一。高程测量按所使用的仪器和施测方法的不同可以分为水准测量、三角高程测量、GPS 高程测量和气压高程测量。水准测量是目前精度最高的一种高程测量方法，它广泛应用于国家高程控制测量、工程勘测和施工测量中。水准测量的原理是利用水准仪提供的水平视线，读取竖立于两个点上的水准尺上的读数来测定两点间的高差，再根据已知点高程计算待定点高程。

2．经纬仪

（1）安置仪器。安置仪器是将经纬仪安置在测站点上，包括对中和整平两项内容。对中的目的是使仪器中心与测站点标志中心位于同一铅垂线上；整平的目的是使仪器竖轴处于铅垂位置，水平度盘处于水平位置。

1）初步对中整平

①用锤球对中，其操作方法如下：

a. 将三脚架调整到合适高度，张开三脚架安置在测站点上方，在脚架的连接螺旋上挂上锤球，如果锤球尖离标志中心太远，可固定一脚移动另外两脚，或将三脚架整体平移，使锤球尖大致对准测站点标志中心，并注意使架头大致水平，然后将三脚架的脚尖踩入土中。

b. 将经纬仪从箱中取出，用连接螺旋将经纬仪安装在三脚架上。调整脚螺旋，使圆水准器气泡居中。

c. 此时，如果锤球尖偏离测站点标志中心，可旋松连接螺旋，在架头上移动经纬仪，使锤球尖精确对中测站点标志中心，然后旋紧连接螺旋。

②用光学对中器对中时，其操作方法如下：

a. 使架头大致对中和水平，连接经纬仪；调节光学对中器的目镜和物镜对光螺旋，使光学对中器的分划板小圆圈和测站点标志的影像清晰。

b. 转动脚螺旋，使光学对中器对准测站标志中心，此时圆水准器气泡偏离，伸缩三脚架架腿，使圆水准器气泡居中，注意脚架尖位置不得移动。

2）精确对中和整平

①整平。先转动照准部，使水准管平行于任意一对脚螺旋的连线，两手同时向内或向外转动这两个脚螺旋，使气泡居中，注意气泡移动方向始终与左手拇指移动方向一致；然后将照准部转动90°，转动第三个脚螺旋，使水准管气泡居中。再将照准部转回原位置，检查气泡是否居中，若不居中，按上述步骤反复进行，直到水准管在任何位置，气泡偏离零点不超过一格为止。

②对中。先旋松连接螺旋，在架头上轻轻移动经纬仪，使锤球尖精确对中测站点标志中心，或使对中器分划板的刻划中心与测站点标志影像重合；然后旋紧连接螺旋。锤球对中误差一般可控制在3 mm以内，光学对中器对中误差一般可控制在1 mm以内。

对中和整平一般都需要经过几次“整平—对中—整平”的循环过程，直至整平和对中均符合要求。

（2）瞄准目标

1）松开望远镜制动螺旋和照准部制动螺旋，将望远镜朝向明亮背景，调节目镜对光螺旋，使十字丝清晰。

2）利用望远镜上的照门和准星粗略对准目标，拧紧照准部及望远镜制动螺旋；调节物镜对光螺旋，使目标影像清晰，并注意消除视差。

3）转动照准部和望远镜微动螺旋，精确瞄准目标。测量水平角时，应用十字丝交点附近的竖丝瞄准目标底部。

（3）读数

1）打开反光镜，调节反光镜镜面位置，使读数窗亮度适中。

2）转动读数显微镜目镜对光螺旋，使度盘、测微尺及指标线的影像清晰。

3）根据仪器的读数设备，按前述的经纬仪读数方法进行读数。

3.1.3　接触网的吊装作业要求

1. 吊装作业的机械要求

用吊车安装钢柱包括准备、吊立、对位安装、整正几个步骤。桥式吊车的吊钩，达到地面或最低点，滚筒上最少仍应有 1.5 ~ 2 圈钢丝绳。起重钢丝绳用插接法连接时，插接长度不得小于 300 mm。起重钢丝绳用卡子连接时，根据钢丝绳直径不同使用不同数量的卡子，但最少不得少于 3 个。

2. 吊装作业的安全要求

（1）吊装作业人员必须持有特殊工种作业证。吊装重量大于 10 t 的物体必须办理“吊装安全作业证”。

（2）吊装重量不小于 40 t 的物体和土建工程主体结构时应编制吊装施工方案。吊物虽不足 40 t 重，但形状复杂、刚度小、长径比大、精密贵重，施工条件特殊的情况下，也应编制吊装施工方案。吊装施工方案经施工主管部门和安全技术部门审查，报主管厂长或总工程师批准后方可实施。

（3）各种吊装作业前应预先在吊装现场设置安全警戒标志并设专人监护，非施工人员禁止入内。

（4）吊装作业中，夜间应有足够的照明，室外作业遇到大雪、暴雨、大雾及六级以上大风时应停止作业。

（5）吊装作业人员必须佩戴安全帽，安全帽应符合 GB 2811—2007 的规定，高处作业时必须遵守 HG 23014—1999 的规定。

（6）吊装作业前应对起重吊装设备、钢丝绳、揽风绳、链条、吊钩等各种机具进行检查，必须保证它们安全可靠，不准在故障状态下使用。

（7）吊装作业时，作业人员必须分工明确、坚守岗位，并按 GB 5082—1985 规定的联络信号统一指挥。

（8）严禁利用管道、管架、电杆、机电设备等做吊装锚点。未经机动、建筑部门审查核算，不得将建筑物、构筑物作为锚点。

（9）吊装作业前必须对各种起重吊装机械的运行部位、安全装置以及吊具、索具进行详细的安全检查，吊装设备的安全装置要灵敏可靠。吊装前必须试吊，确认无误后方可作业。

（10）任何人不得随同吊装重物或吊装机械升降。在特殊情况下，必须随之升降的，应采取可靠的安全措施，并经过现场指挥人员批准。

（11）吊装作业现场如需要动火，应遵守 HG 23011—1999 的规定。吊装作业现场的吊绳索、揽风绳、拖拉绳等要避免同带电线路接触，并保持安全距离。

（12）用定型起重吊装机械（履带吊车、轮胎吊车、桥式吊车等）进行吊装作业时，除遵守本标准外，还应遵守该定型机械的操作规程。

（13）吊装作业时必须按规定负荷进行吊装，吊具、索具经计算选择使用，严禁超负荷运行。所吊重物接近或达到额定起重吊装能力时应检查制动器，用低高度、短行程试吊后再平稳吊起。

（14）悬吊重物下方严禁站人、通行和工作。

（15）在吊装作业中，有下列情况之一者不准吊装。

1）指挥信号不明。

2）超负荷或物体重量不明。

3）斜拉重物。

4）光线不足、看不清重物。

5）重物下站人。

6）重物埋在地下。

7）重物紧固不牢，绳打结、绳不齐。

8）棱刃物体没有衬垫措施。

9）重物越人头。

10）安全装置失灵。

（16）必须按“吊装安全作业证”上填报的内容进行作业，严禁涂改、转借“吊装安全作业证”或变更作业内容，扩大作业范围或转移作业部位。

（17）对吊装作业审批手续不全，安全措施不落实，作业环境不符合安全要求的，作业人员有权拒绝作业。

技能要求

刚性接触线及其汇流排的故障判定及调整

操作要求

1. 故障查找全面。

2. 正确选择工具和器具。

3. 操作步骤规范，调整后的设备符合要求。

操作准备

1. 主要工具（见图3—7）：常用扳手、钢锯、放线小车、铁锤、卷尺、钢丝钳、一字旋具、旗杆绳。

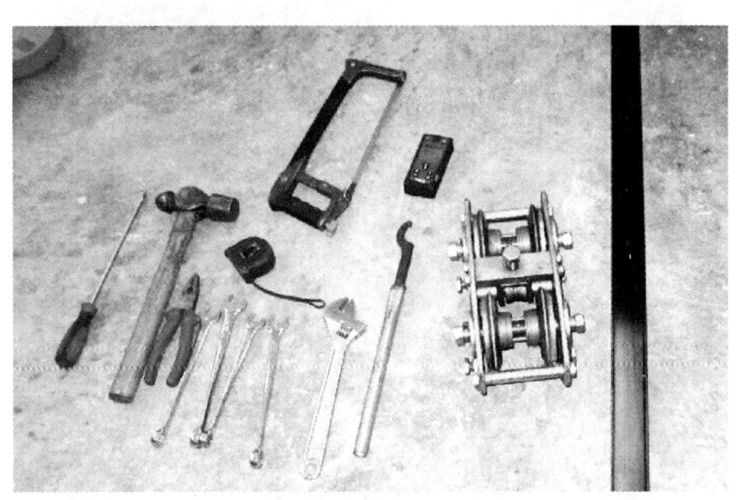

图3—7 主要工具

2. 安全用具：接地棒、验电器、安全帽。

3. 测量工具：激光测量仪。

操作步骤

步骤1 检查现场情况，进行故障判定。

（1）接触线从汇流排部分松脱。

（2）接触线有部分偏磨现象。

（3）接触线拉出值异常。

步骤 2 调整作业。

（1）进行验电接地。

（2）测量调整定位点及相邻定位点的导高，做好记录。

（3）测量调整定位点的拉出值，做好记录。

（4）松开汇流排上方的绝缘子螺栓或 T 形支架的固定螺栓来调节导高。

（5）松开汇流排上方的绝缘子螺栓，水平移动来调整导线拉出值（见图 3—8）。

（6）拧紧螺栓。

（7）调整接触线截面，使接触线与受电弓的接触面垂直。

a）

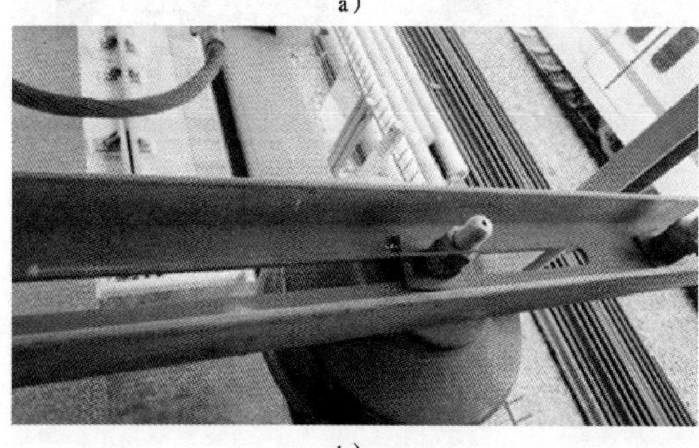

b）

图 3—8 调整导线拉出值

a）松开汇流排上方的绝缘子螺栓 b）水平移动来调整导线拉出值

步骤 3 工作结束后由工作负责人对人员、工具、器具及材料进行清点。

步骤 4 拆除接地线，作业人员撤离现场。

质量标准

1. 接触导线嵌入汇流排前在两凹槽内均匀注入导电油脂，且无遗漏现象。

2. 接触导线不得有损伤、扭曲或损坏镀锌层，在锚段内无接头、无硬弯。

3. 架线过程中调整好架线小车工作状态，确保导线完全嵌入汇流排，且与汇流排贴合。否则应倒回架线小车将导线拉出，重新嵌入，严禁使用利器损伤汇流排嵌口。

4. 分段绝缘器和汇流排终端处的导线端头要严格按照设计和产品安装技术要求处理，端头平整光洁，不出现硬点。螺栓紧固力矩应符合产品安装技术要求。

5. 接触线在锚段末端汇流排外余长为100～150 mm，沿汇流排终端方向顺延。一般情况对接地体的距离不应小于150 mm，困难情况不应小于130 mm。

柔性线岔的故障综合判定及更换

操作要求

1. 故障判断全面、到位。

2. 操作步骤符合作业程序。

3. 恢复后的设备符合质量要求。

操作准备

1. 车辆：梯车2～3辆，抢修机动车。

2. 主要工具（见图3—9）：验电器、接地棒、伸缩梯、1.5 t和3 t手扳葫芦、紧线器、断线钳、压接钳、钢丝绳、扭面器、校线器、旗杆绳、激光测量仪、水平尺、常用工具、接触线直弯器。

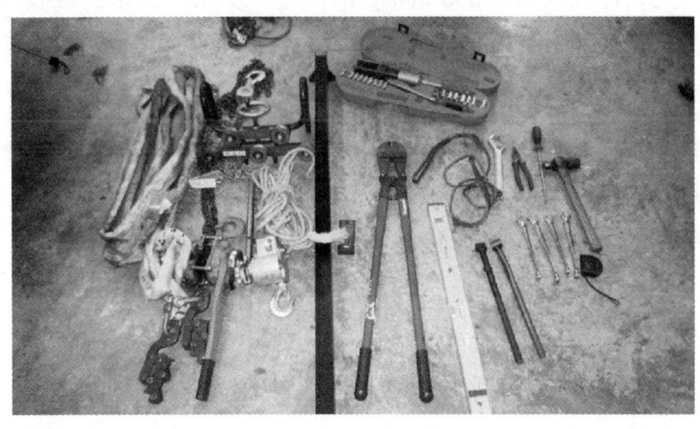

图3—9 主要工具

3. 材料：吊弦若干、铅丝、定位装置及相关零件、支持装置及相关零件。

操作步骤

步骤1 检查故障现象。

（1）线岔岔心至两线500 mm处不等高（见图3—10）。

图3—10 线岔岔心至两线500 mm处不等高

（2）线岔限制管损坏（一般情况下，打弓后需要更换）。

（3）接触线有弯曲（打弓后常见）。

步骤2 按五大点检查，若出现打弓必须查看无线夹区内是否安装了线夹。

（1）检查线岔故障情况，并派人员到事故锚段进行检查。

（2）如发现线岔岔心至两线500 mm处不等高，对定位点拉出值和该定位相邻两跨距的跨中接触线偏移进行检测，不超过设计要求。

（3）调整两交叉接触线相距500 mm处的两工作支水平，两接触线有一根为非工作支，则非工作支比工作支接触线抬高不少于50 mm（见图3—11）。注意单线与双线、双线与双线的关系。方法：在保证正线接触线高度的情况下，调整邻近吊弦的长度直至达到要求为止。需要注意的是，非工作支接触线的抬高必须均匀。

（4）限制管安装位置不符合要求时，根据实测偏移及计算（或者安装曲线）出的调整温度下应偏移数值和方向进行调整。

（5）交叉点处两支接触线间活动间隙不符合要求时则调整限制管和前后定位点（见图3—12），直至活动间隙符合要求。必要时更换限制管。

（6）如果线岔不好引起弓网事故，可参考线岔故障预案处理。

步骤3 清理现场。

图 3—11 非工作支比工作支接触线抬高不少于 50 mm

图 3—12 调整限制管和前后定位点

柔性悬挂定位装置的故障判定及调整

操作要求

对如下故障进行判定并进行调整：

1. 定位装置无法调节拉出值。

2. 定位装置无法调节导高（此故障仅适用于弹性悬挂，若为链型悬挂定位器则不应控制导高，该更改为定位器的型号错误，如道岔处没有使用 DC 定位器等）。

3. 定位器坡度无法调节（定位器的坡度太大或太小）。

操作准备

1. 车辆：梯车。

2. 工具：验电器、接地棒、断线钳、激光测量仪、常用工具。

操作步骤

1. 测量分析

步骤 1　查平面图，确定定位点处接触线的之字值或拉出值。

步骤 2　调整曲线处拉出值时，再查安装曲线并计算出调整温度时接触线高度 H_t，测量外轨超高值、轨距，计算出受电弓中心与线路中心的偏移值 C 及接触线对线路中心的距离 m。

步骤 3　在直线定位点时测量接触线之字值。

步骤 4　在曲线定位点时测量接触线高度 H_c 值及受电弓中心与线路中心距离 m_c。比较 m 与 m_c 及 H_t 与 H_c，确定需要调整的接触线高度 $H_t - H_c$ 和需要调整的接触线对线路中心的偏移值 $|m| - |m_c|$ 及方向。

步骤 5　计算出调整温度时定位器沿线路方向的偏移值 E_t。检查定位器沿线路方向的实际偏移值及方向。

步骤 6　确定对定位器偏移需要调整的方向及数值。接触线高度不符合要求时则进行调整。

2. 接触线高度的调整方法

若确实无法调整定位管坡度，需要对附近的定位点同时进行调整，可以采用逐步过渡的方法实现。

步骤 1　松动定位线夹螺母，使定位器卸载。若要更换定位器，则将定位器拆下。

步骤 2　松开腕臂管上的定位环螺母，通过调整定位环在腕臂管上的位置以达到调整接触线高度的目的。调整定位管斜腕臂长度使定位管处于水平状态。

步骤 3　调整接触线的拉出值。

3. 接触线拉出值的调整方法

步骤 1　松动定位管上的定位环或支持器螺母，使定位环或支持器能来回活动。

步骤 2　扭正线面。

步骤 3　在直线定位点时，根据需要调整的方向及数值确定定位环在定位管上的位置，并重新紧固定位环螺母。

步骤 4　在曲线定位点时，根据 $|m| - |m_c|$ 值及需要调整的方向确定支持器在反定位主管上的位置，并重新紧固支持器螺母。

步骤5　根据计算及实测值，确定定位器沿线路方向偏移需要调整的数值及方向，确定出定位线夹在接触线上的安装位置。在接触线上安装定位器，若需要更换定位器，则安装新定位器，检查并调整定位器坡度。

步骤6　复测接触线拉出值及高度，若不符合规定则需要反复调整，直至符合要求。

刚性接触悬挂的故障判定及调整

操作要求

对如下故障进行判定并进行调整：

1. 接触线从汇流排部分松脱。
2. 接触线有部分偏磨现象。
3. 接触线拉出值异常。
4. 因隧道渗水造成接触网锈蚀。

操作准备

1. 主要工具：钩头扳手、呆扳手、钢锯、放线小车、砂纸、防护罩。
2. 安全用具：接地棒、验电器、安全帽、绝缘手套。
3. 测量工具：激光测量仪。

操作步骤

步骤1　进行验电接地。

步骤2　调整。

(1) 测量调整定位点及相邻定位点的导高，做好记录。

(2) 测量调整定位点的拉出值，做好记录。

(3) 松开汇流排上方的绝缘子螺栓或T形支架的固定螺栓来调节导高。

(4) 松开汇流排上方的绝缘子螺栓，水平移动来调整导线拉出值。

(5) 拧紧螺栓。

(6) 调整接触线截面，使接触线与受电弓的接触面垂直。

(7) 因渗水造成触网锈蚀，应用砂纸打磨，并加装防护罩。

步骤3　工作结束后由工作负责人对人员、工器具及材料进行清点。

步骤4　拆除接地线，作业人员撤离现场。

质量标准

1. 拉出值满足在规定拉出值 ±20 mm 范围内（见图 3—13）。
2. 相邻定位点间导高相差不得大于 5 mm（见图 3—13）。
3. 锈蚀处理干净，防护罩安装牢固。
4. 触网偏磨按要求处理。

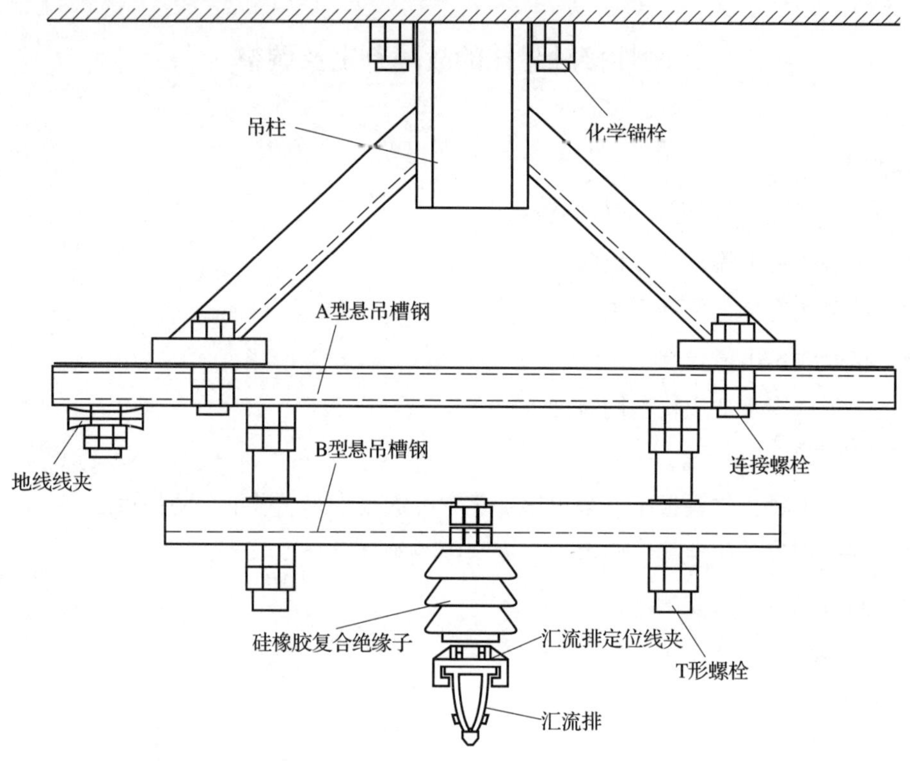

图 3—13 刚性定位点安装示意图

接触线断线的故障判定及处理

操作要求

对接触线断落、线面扭曲变形、吊弦断裂、定位管严重偏移、定位装置损坏、下锚处坠砣下垂等故障进行判定，并进行处理。

操作准备

1. 车辆：梯车 2 ~ 3 辆、轨道车、抢修机动车。

2. 工具：验电器、接地棒、伸缩梯、1.5 t和3 t手扳葫芦、紧线器、接触线接头线夹、断线钳、钢丝绳、扭面器、校线器、旗杆绳、激光测量仪、常用工具、照明器具、通信器具。

3. 材料：接触线20 m、吊弦若干、铅丝、定位装置及相关零件、支持装置及相关零件。

操作步骤

步骤1　检查接触网的受损情况，并派人员到事故锚段进行检查。

步骤2　准备抢修材料，制订方案，分配任务。

步骤3　用手扳葫芦把下锚补偿装置的坠砣拉起。

步骤4　在需要接触线接头的两端打上紧线器和手扳葫芦，紧线后在断线处用同类型的接触线用连接线夹（接头线夹）进行连接，在接触线连接处用锉刀锉平。

步骤5　拆除断线处（一跨或多跨）损坏的定位装置、吊弦、电连接线。

步骤6　安装定位装置，更换损坏部件，如定位线夹、支持器，同时调整拉出值。

步骤7　用铅丝或整体吊弦临时悬吊接触线，同时调整导高，必要时临时安装电连接。

步骤8　拆除下锚补偿装置处的手扳葫芦，使接触线承受张力。

步骤9　清理现场。

3.2　接触网锚段关节的调整与维护

知识要求

3.2.1　接触网的锚段

1. 锚段的作用

为了满足供电和机械方面的要求，将接触网分成若干独立的分段，这些具有各自独立长度的线段称之锚段。可以限制事故范围，便于在锚段两侧补偿装置调整导线（承力索）的张力和弛度。便于供电分段，以满足接触网的供电方式和设备分段检修的需要。两个相邻锚段的衔接部分称为锚段关节，其作用是保证电力机车受电弓能平滑、安全地由一个锚段过渡到另一个锚段并且取流情况良好。锚段关节按用途可分为非绝缘锚段关节和绝缘锚段关节，非绝缘锚段关节按其机械分段作用又称为电不分段锚段关节。绝缘锚段关节不仅起机械分段作用，又起同相电分段作用。

2. 确定锚段长度的因素

接触网每个锚段包括若干个跨距。在确定锚段长度时要考虑发生事故的影响范围；当温度变化时，因线索伸缩引起吊弦、定位器及腕臂的偏斜不超过允许值；下锚处补偿坠砣应有足够的上下移动空间；要保证在极限温度下，中心锚结处和补偿器端线索张力差不超过规定值。由于线索顺线路的热胀冷缩移动，使每一根吊弦、定位器和腕臂固定点处因偏斜而对线索产生分力作用出现张力差。对于半补偿链型悬挂设计规定其张力差不超过接触线额定张力的 ±15%；对于全补偿链型悬挂，除满足接触线张力差外，要求承力索张力差不超过承力索额定张力的 ±10%。

锚段长度一般采用两种方法确定，经验取值法和计算法，经验取值可根据“铁路工程技术规范”中的经验值表确定，见表 3—3。计算法则通过对线索张力差的计算确定锚段长度。

隧道内一般不分锚段，但隧道长度超过 2 000 m 时应划分锚段，锚段长度确定原则与上述方法相同。

表 3—3　　链型悬挂锚段长度经验取值表

悬挂类型	锚段所在线路情况	锚段长度（m）
半补偿链型悬挂	直线区段（一般）	1 600
	直线区段（困难）	1 800
	直线和曲线各占一半时	1 300
	曲线占 70% 以上时	1 100
全补偿链型悬挂	直线区段（一般）	1 800
	直线区段（困难）	2 000
	曲线占 70% 以上时	≤1 500

3.2.2　三跨非绝缘锚段关节

根据锚段所起的作用可分为电分段非绝缘锚段关节和电分段绝缘锚段关节；根据所含跨距数可分为三跨、四跨锚段关节。非绝缘锚段关节只起机械分段作用。绝缘锚段关节既起电分段作用，还起机械分段作用。三跨非绝缘锚段关节加装两组电连接线；四跨绝缘锚段关节并作电分段之用。为了实现电路上的联通，在锚段关节处需装电连接。

1. 三跨非绝缘锚段关节的结构特征

在锚段关节内承力索和接触线有重叠的两支中，与电动列车受电弓接触的称为工作支，脱离工作接触以升高下锚的称为非工作支。三跨锚段关节是用来在中间跨实现受电弓的过渡的，中间的两个支柱称为转换柱（见图3—14）。

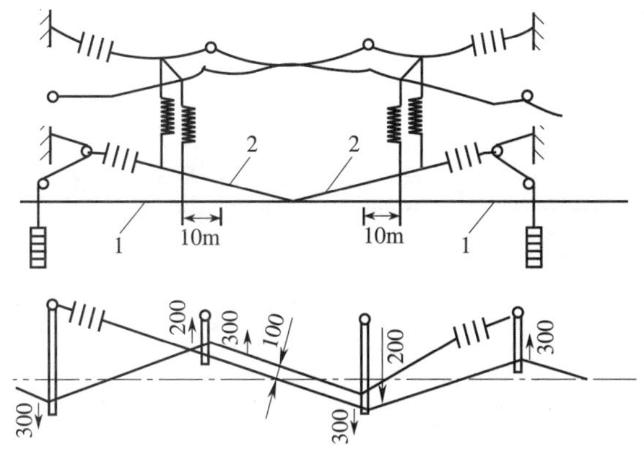

图3—14　三跨非绝缘锚段关节示意图

1—工作支　2—非工作支

2. 三跨非绝缘锚段关节的技术特点

三跨非绝缘锚段关节在曲线区段的拉出值随曲线半径不同而变化。两锚段接触线在立面上的交叉点在两转换支柱中间；转换柱之间的两支接触线在水平面上是平行的，线间距为100 mm。三跨非绝缘锚段关节转换柱处非工作支接触线距轨面高度比工作支接触线高度抬高200 mm。三跨非绝缘锚段关节下锚处非工作支接触线距轨面高度比工作支接触线抬高500 mm（见图3—15）。

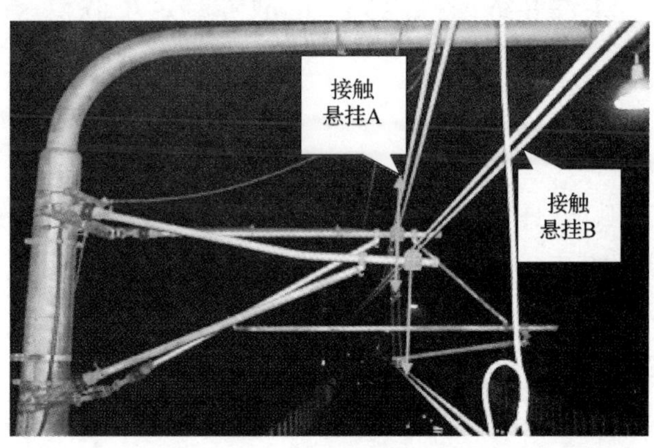

图3—15　三跨非绝缘锚段关节

3.2.3　四跨绝缘锚段关节

1．四跨绝缘锚段关节的结构特征

四跨绝缘锚段关节起机械分段、电分段作用。四跨绝缘锚段关节的两锚段带电部分在关节处保持500 mm的空气绝缘间隙，只有通过隔离闸刀才能联通（见图3—16）。

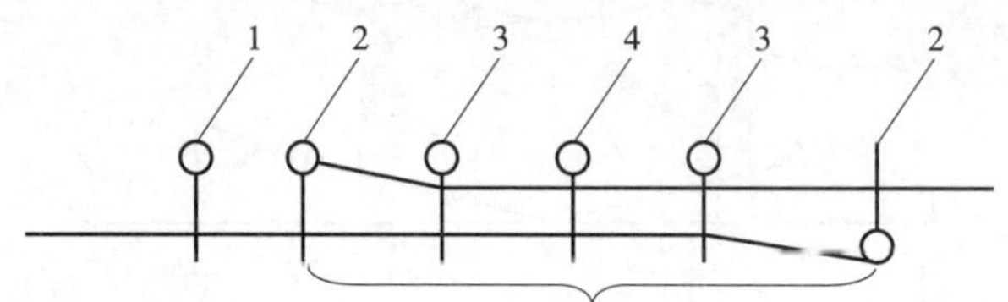

图3—16　四跨绝缘锚段关节

1—中间柱　2—锚柱　3—转换柱　4—中心柱

2．四跨绝缘锚段关节的技术特点

绝缘锚段关节包括两根下锚柱、两根转换柱和一根中心柱，由它们组成四个跨距，所以称为四跨绝缘锚段关节。中心柱处两接触线等高，列车受电弓在中心柱处实现两根锚段的转换和过渡。两锚段靠安装在转换柱上的隔离闸刀实现电气连接。四跨绝缘锚段关节中心柱处两接触线距轨面高度相等，均为设计高度。四跨绝缘锚段关节转换柱之间两接触线在水平面上平行，线间距为500 mm。四跨绝缘锚段关节转换柱处非工作支接触线比工作支接触线抬高500 mm。

技能要求

柔性非绝缘锚段关节的故障判定及调整

操作要求

1．查找故障。

2．正确选择工具、器具和材料。

3．设备状态调整精确，无误差。

操作准备

1．车辆：梯车。

2．主要工具（见图3—17）：验电器、接地棒、伸缩梯、断线钳、钢丝绳、旗杆绳、激光测量仪、轨距尺、常用工具。

图3—17　主要工具

操作步骤

步骤1　检查测量。

（1）测量曲线三跨转换柱处两支接触线的水平距离，如图3—18所示。

图3—18　测量曲线三跨转换柱处两支接触线水平距离

1）测量定位点处工作支接触线对线路中心的距离。

2）测量定位点处非工作支接触线对线路中心的距离。

3）定位点处工作支接触线对线路中心的距离与定位点处非工作支接触线对线路中心的距离的算术差即为两支接触线在转换柱处的实际水平距离。

（2）测量两支接触线间的垂直距离。

1）测量定位点处工作支接触线高度。

2）测量定位点处非工作支接触线高度。

3）两支接触线高度差值即为其垂直距离，也为非工作支接触线的实际抬高值。

（3）测量曲线三跨转换柱跨距内两支接触线间水平距离的方法。

1）测量工作支接触线对线路中心的距离。

2）测量同一位置非工作支接触线对线路中心的距离。

3）计算两支接触线间的实际水平距离。当两支接触线在线路同侧时，实际距离为工作支接触线对线路中心的距离与同一位置非工作支接触线对线路中心的距离的算术差；当两支接触线各在线路中心异侧时，实际水平距离为工作支接触线对线路中心的距离与同一位置非工作支接触线对线路中心的距离的算术和。

（4）测量两支接触线等高。

1）找出两转换柱间跨距重点位置。

2）测量两转换柱间跨距重点位置的两接触线高度。

3）比较两支接触线高度值，若两高度值相等则符合技术要求，否则进行调整。

步骤 2　根据上述测量数据进行故障判定。

（1）两接触线垂直距离异常。

（2）转换柱处两接触线水平距离异常。

（3）转换柱跨距内两接触线水平距离异常。

步骤 3　故障点的调整及其要求。

（1）要满足转换柱处的抬高，如图 3—19 所示。

图 3—19　满足转换柱处的抬高

（2）应该有过渡点，两接触线水平，如图 3—20 所示。

（3）导高不能出现大的高差，并使用激光测量仪进行检查。

图 3—20 两接触线水平

刚性接触网锚段关节的故障判定及更换

操作要求

对如下故障进行判定并处理：

1. 短连接线有松动。
2. 两工作支中心不等高。
3. 其中一工作支端部未抬高。
4. 两支汇流排间距不达标。

操作准备

1. 主要工具：钢卷尺、水平尺、扭矩扳手、激光测量仪、火花塞扳手、内六角扳手、常用五金工具若干。

2. 安全用具：接地棒、验电器、安全带、安全帽、绝缘手套。

操作步骤

步骤 1 测量锚段关节两支汇流排定位线夹处的导高及拉出值。

步骤 2 测量锚段关节两支汇流排间距。

步骤 3 调节汇流排绝缘子与悬吊槽钢的相对位置以调整定位点的拉出值与两支汇流排间距。

步骤 4 调节悬吊槽钢的高度以调整定位点导高，确保锚段关节处中间两定位点之间的导高相等。

步骤5　调节悬吊槽钢的高度以调整定位点导高，确保锚段关节处非工作支导高略高于工作支4 mm。

步骤6　工作结束后由工作负责人对人员、工器具及材料进行清点。

质量标准

1. 锚段关节处不应有拉弧和放电现象。

2. 受电弓在关节处均可双向通过并无撞击现象。

3. 锚段关节非工作支不得低于工作支，受电弓可平滑通过。

4. 绝缘锚段关节两支悬挂的拉出值一般分别为±150 mm，中心线之间距离为300 mm，允许误差为±20 mm。

5. 非绝缘锚段关节两支悬挂的拉出值一般分别为±100 mm，中心线之间距离为200 mm，允许误差为±20 mm。

6. 接触线在锚段末端汇流排外余长为100～150 mm。

7. 锚段关节两支汇流排间距一般为绝缘关节（260±20）mm，非绝缘关节（200±20）mm。

棘轮的故障判定及调整

操作要求

1. 正确选择工具、器具。

2. 故障查找全面。

3. 设备调整的操作步骤规范。

操作准备

1. 主要工具（见图3—21）：常用扳手、梯子、牛油枪、卷尺。

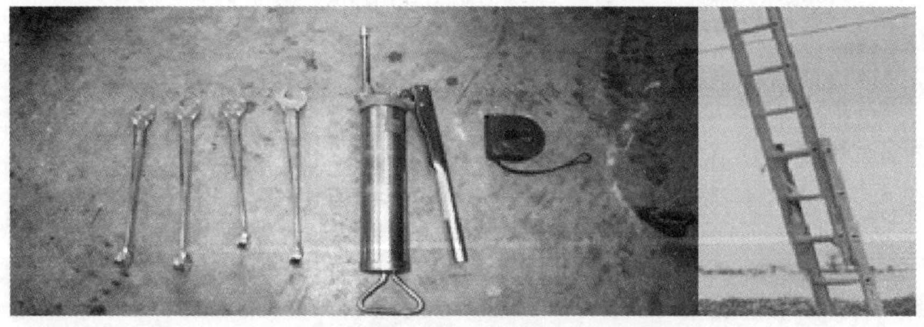

图3—21　主要工具

2．安全用具：接地棒、验电器、安全带、安全帽。

操作步骤

步骤1　检查存在的故障。

（1）坠砣杆偏斜过大，坠砣上下移动受阻（见图3—22）。

图3—22　坠砣杆偏斜图

（2）测量补偿装置的a、b值，对照温度安装曲线表（见图3—23）。

图3—23　测量补偿装置a、b值

（3）测量制动块至棘轮的距离（见图3—24）。

步骤2　作业程序。

（1）验电、挂设接地棒。

图 3—24　测量制动块至棘轮的距离

（2）调整坠砣导管的垂直度。

（3）观察大小轮补偿绳（见图 3—25）是否有断股、散股、重叠等现象。

图 3—25　大小轮补偿绳

（4）改变补偿绳在棘轮上的缠绕圈数，调整 a、b 值至正常范围。

（5）松开制动块的固定螺栓（见图 3—26）。

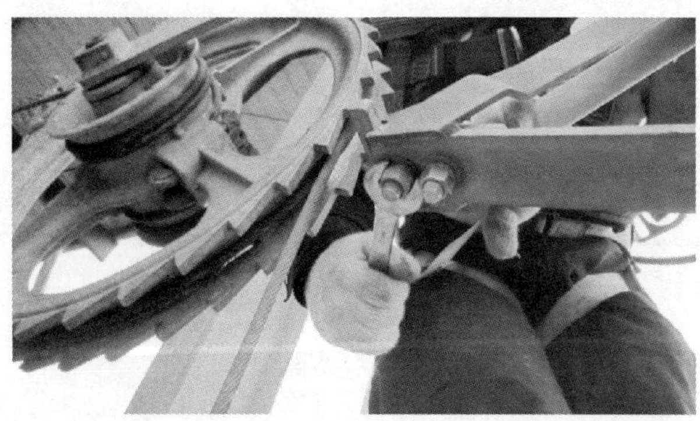

图 3—26　固定螺栓

（6）标记制动块的正确固定点，将制动块移动到标记处（见图3—27）后进行固定。

图3—27　制动块移动到标记处

隧道段中心锚结的故障判定及更换

操作要求

对如下故障进行判定并处理：

1．中心锚结上端固定点松动。

2．锚结本体闪络。

3．接触线扭面。

操作准备

1．主要工具：常用扳手、钩头扳手（隧道）、断线钳、压接钳（户外）、手扳葫芦、钢丝套、紧线器。

2．安全用具：接地棒、验电器、安全带、安全帽。

3．测量工具：卷尺、激光测量仪。

4．主要材料：中心锚结绳、线夹及辅助件。

操作步骤

步骤1　进行验电接地。

步骤2　中心锚结更换。

（1）测量相邻两定位点高度。

（2）拆除旧中心锚结：拧松螺母，使中心锚结绳松弛，拆除中心锚结绳，再拆除中心锚结线夹。

（3）安装新中心锚结：根据长度预先裁剪适当长度的中心锚结绳子，在跨中心位置先安装中心锚结线夹，线夹卡槽和导线要密合。再安装中心锚结绳和螺栓。

（4）调整：调整平行槽线夹，使得两导线平行；调整两边中心锚结绳，使线夹处导线比相邻定位点导高抬高 10 mm，在两侧下锚底座处拧紧耳环杆上螺母，使两绳受力均匀一致。

步骤 3　工作负责人对人员、工具、器具及材料进行清点。

步骤 4　拆除接地线，作业人员撤离现场。

质量标准

1. 辅助绳两侧受力均匀一致，无断股和散股情况。

2. 隧道段高度略高于两悬挂点 10 mm。

3. 绝缘子（环）完好，无破损现象。

4. 隧道段的绝缘限界必须大于 115 mm。

5. 中心锚结线夹处导线不偏磨、不打弓。

直线三跨两支接触线的故障判定及调整

操作要求

对如下故障进行判定并处理：

1. 两支接触线导高异常。

2. 两支接触线拉出值异常。

3. 两支接触线不等高。

操作准备

1. 车辆：梯车。

2. 工具：验电器、接地棒、伸缩梯、断线钳、钢丝绳、旗杆绳、激光测量仪、常用工具、照明器具。

操作步骤

1. 测量转换柱处两支接触线水平距离的方法

步骤 1　测量定位点处工作支接触线在线路上的垂直投影与线路中心的距离并记录。

步骤2　测量同一定位点处非工作支接触线在线路上的垂直投影与线路中心的距离并记录。

步骤3　两支接触线垂直投影与线路中心的距离的差值即为两支接触线的实际水平距离。

步骤4　测量工作支接触线高度。

步骤5　测量非工作支接触线高度。

步骤6　两支接触线的高度差值即为非工作支接触线比工作支接触线的实际抬高值。

2．测量直线三跨转换柱跨距内两支接触线间水平距离的方法

步骤1　测量工作支接触线的垂直投影与线路中心的距离。

步骤2　测量同一位置非工作支接触线在线路上的垂直投影与线路中心的距离。

步骤3　计算两支接触线在线路上垂直投影的距离，此距离即为两支接触线的水平距离。当两支接触线在线路中心同侧时，实际水平距离为所测量垂直投影与线路中心距离的算术差；当两支接触线各在线路中心异侧时，实际水平距离为所测量的两支接触线垂直投影与线路中心的距离的算术和。

步骤4　工作支接触线与线路中心的距离即为此位置工作支接触线对受电弓中心的偏移值。

3．测量两支接触线等高的方法

步骤1　找出两转换柱间的跨距中心位置。

步骤2　测量两转换柱间跨距中点位置两支接触线高度值并记录。

步骤3　比较两支接触线高度值，若两高度值相等则符合技术要求。否则进行调整，直至两支接触线在跨距中点位置高度相等。

曲线三跨两支接触线的故障判定及调整

操作要求

对如下故障进行判定并处理：

1．两接触线垂直距离异常。

2．转换柱处两接触线水平距离异常。

3．转换柱跨距内两接触线水平距离异常。

需满足以下条件：

- 转换柱处抬高满足要求。
- 有过渡点。
- 导高不出现大的高差，使用测杆或激光测量仪测量。

操作准备

1．车辆：梯车。

2．工具：验电器、接地棒、伸缩梯、断线钳、钢丝绳、旗杆绳、激光测量仪、常用工具。

操作步骤

1．测量曲线三跨转换柱处两支接触线水平距离的方法

步骤 1　测量定位点处工作支接触线对线路中心的距离。

步骤 2　测量定位点处非工作支接触线对线路中心的距离。

步骤 3　定位点处工作支接触线对线路中心的距离与定位点处非工作支接触线对线路中心的距离的算术差即为两支接触线在转换柱处的实际水平距离。

2．测量两支接触线间垂直距离的方法

步骤 1　测量定位点处工作支接触线高度。

步骤 2　测量定位点处非工作支接触线高度。

步骤 3　两支接触线高度差值即为其垂直距离，也为非工作支接触线的实际抬高值。

3．测量曲线三跨转换柱跨距内两支接触线间水平距离的方法

步骤 1　测量工作支接触线对线路中心的距离。

步骤 2　测量同一位置非工作支接触线对线路中心的距离。

步骤 3　计算两支接触线间的实际水平距离。当两支接触线在线路同侧时，实际距离为工作支接触线对线路中心的距离与同一位置非工作支接触线对线路中心的距离的算术差；当两支接触线各在线路中心异侧时，实际水平距离为工作支接触线对线路中心的距离与同一位置非工作支接触线对线路中心的距离的算术和。

4．测量两支接触线等高的方法

步骤 1　找出两转换柱间跨距中点位置。

步骤 2　测量两转换柱间跨距中点位置两接触线高度。

步骤 3　比较两支接触线高度值，若两高度值相等则符合技术要求，否则进行调整。

3.3 维修与事故抢修

知识要求

3.3.1 维修分类

1. 维修的分类原则

针对接触网不同类型的缺陷，如制造缺陷、供电运营管理缺陷、施工或维修缺陷等，需要对其进行不同类别的维修。接触网的维修按检修范围分为大修计划和小修计划；按设备的技术状态进行预防维修就是状态维修。为了保证及时发现缺陷、潜在故障等的产生或维修后的效果和质量，还需要对接触网进行巡视，包括昼间步行巡视、夜间步行巡视、乘车巡视和登车梯巡视。按时间和季节来分，还有季节性检修和重大节假日保修等。

2. 大修

接触网大修是接触网设备的恢复性彻底修理，需要更换主要部分零配件，达到出厂或大修后技术验收标准。按大修规定，接触网大修更新的设备及其零部件均应符合新建技术标准。

3. 日常维修

接触网日常维修是维持性修理。接触网日常维修包括计划检修和动态检修。维修包括使运营设备保持在正常状态、测定和评价其实际状态和使其恢复到正常状态等活动的全部措施。维修包括保养、检查和修理。测定和评价设备实际状态是维修工作内容。

4. 计划维修

月度计划由季度计划分解实施。月度计划结合设备动态状况。年度计划制订依据规定的设备强制检修周期和设备动态状况。

5. 动态检修

动态检测是利用检测车和巡检车测量受电弓在运行中接触网的技术状态。动态检修反映设备的即时状况。接触网经常处在振动、摩擦、电、热及构件本身物理变化的影响之中。

6. 静态检测

静态检测是利用测量仪器和工具在静止状态下测量接触网的技术状态。测量接触网的导高和拉出值属于物理检测。

7. 季节性检修

接触网因受到自然条件的影响，构件本身处在物理变化的影响之中。冬夏季节检测地馈线弛度。

8. 重大节假日保障性检修

重大节假日前对线岔、锚段关节进行检查调试。重大节假日前做好消除缺陷的工作。重大节假日前对设备薄弱环节进行排摸并制订预案。

3.3.2 维修安全

1. 接触网检修人员的安全考核制度

从事接触网运行和检修的人员应每年定期进行一次安全考试。中断工作连续6个月以上归队后仍继续担当接触网运行和检修工作的人员需进行安全考试，合格后方可上岗。当职务或工作单位变更，但仍从事接触网运行和检修的工作人员需要进行安全考试，合格后方可上岗。

2. 接触网检修人员的安全考试内容

接触网检修人员的安全考试内容应包括接触网安全规程、接触网检修规程、行车规则及其他相关制度。

3. 接触网检修人身安全的关键项目

接触网在检修过程中，绝大多数情况需要登高，防止作业人员高空坠落及地面作业过程中高空坠物砸伤辅助人员及地面人员是接触网检修人身安全的关键项目。

4. 雷电禁止露天接触网设备检修原因

如果雷电时在接触网线路上作业，一旦雷电落在线路上，雷电造成的过电压将会对人体产生触电伤害。

5. 安全电压数值

当电气设备采用36 V以上的安全电压时，必须采取防止直接接触带电体的保护措施，其电路必须与大地绝缘。不同接触状态下的安全电压一般为50 V，允许通过人体的电流约为30 mA。

6. 跨步电压及危害

地面上水平距离为跨步的两点之间的电位差叫跨步电压。跨步电压在离接地点

20 m 远处接近于零。

7. 触电及其伤害

电气设备在正常运行条件下，人体的任何部位直接接触带电体所发生的触电称为直接接触触电。电气设备在故障条件下而发生的触电称为间接接触触电。人体触电时电流对人体造成的伤害分为电击和电伤。

电击指电流通过人体内部器官引起的创伤。在380/220 V低压系统大部分触电伤害是电击所造成的。电流的热效应、化学反应、机械效应对人体外部器官所造成的伤害称为电伤。触电致死的主要原因是心室纤维性颤动阈。当人发生触电时，通过人体引起任何感觉的最小电流值称为感知阈。低压设备多，低压电网广，人接触电网的机会多，低压设备简陋，管理不严，思想麻痹，所以低压触电概率多于高压。触电后，电流对人体的伤害与电流的作用时间成正比。决定通过人体的电流大小以及引起何种生理效应和伤害程度的主要因素是人体阻抗。带电工作没有完善的保证安全可靠的技术措施和组织措施是造成电气工作人员触电伤害的主要原因之一。当人发生触电后，首先要使触电者脱离电源。

3.3.3 规定与注意事项

1. 事故抢修的有关规定

接触网抢修要遵循“先通后复”的基本原则。接触网抢修作业必须办理停电作业命令和验电接地后方准开始作业。每个接触网值守点应以比较熟练的工人为骨干组成抢修组，组长由工长或安全技术等级不低于四级的人员担当。每个接触网值守点在夜间和节假日必须经常保持1个作业组的人员的工区值班。

2. 抢修作业的安全注意事项

在有紧急任务的高处作业时，工具、零件和材料不得抛掷。接触网远离带电体的检修作业一般指距带电体1 m以上的作业。

3. 抢修作业

接触网事故范围较小，抢修时间不长，应抓紧时间一次抢修，恢复供电行车。接触网抢修人员到达事故现场后，工作负责人要组织人员全面了解事故范围和设备损坏情况。

3.3.4 车辆与工具

1. 抢修车的使用注意事项

接触网抢修车内配备抢修工具、器具和专用材料及配件。抢修车为日常检修时接送维修人员和事故抢修之用。接触网抢修车内所有抢修工具、器具的清（名）单要张贴在车厢内的醒目位置。

2．轨道车、检测车的使用注意事项

轨道车组应以动力车、作业车为一组，需要时外加放线车。带受电弓的检测车对接触线进行冷滑检测。

3．车梯的使用注意事项

接触网车梯为日常巡检、测量及小修项目之用。若接触网车梯由钢管或合金材料焊接加工专用底座制作而成，要求作业平台离接触线 1.2 m，平台面积为 1 m^2，底座的四个滑轮中一个接地，并要配置制动装置。

4．扭面器的使用注意事项

扭面器扭绞一般以锚段中部开始，至锚段末端。接触线扭面器两个为一组。

5．紧线器的使用注意事项

紧线器主要用于（缚系）悬链线，便于接触网设备调整时线索不被脱落。线夹用于多股绞线紧线。

6．特殊工具的使用注意事项

整正钢筋混凝土腕臂柱用整杆器，其固定框架应固定在高于轨面 0.5 m 部位的支柱上。整正钢筋混凝土腕臂柱用整杆器将两个钢轨卡子分别固定在支柱两侧的钢轨上，对称于支柱中心，一般各距支柱中心 3 m 左右。整正支柱用的三个手扳葫芦大致互成 120°角。

禁止两人在一架梯子上作业。接触网抢修交通机具必须停放在能够迅速出动的指定地点。梯子顶部应伸出所搭靠的承力索 0.3 m 以上。钳压铜绞线时必须从管的一端开始，上下交错地压向管的另一端。

7．接地线的使用注意事项

停电作业时，在作业地点可能来电方向需要装设接地线。验电接地是接触网停电作业必须进行的一项工作。接地线需与线索连接紧密并具有自锁。接地线为截面不小于 70 mm^2 的软铜绞线。

8．验电器的使用注意事项

验电器是检验导线、电器和电气设备是否带电的一种电工常用工具。使用音响式验电器时，音响器无声响证明接触网停电。使用旋转式验电器时，回转片不转动证明接触网停电。

9. 接地电阻测量仪

接地电阻测量仪摇把的转速应达到120 r/min。接地电阻测量仪测试电阻前要将零位调整器校正，使检流计的指针头指于中心线。

3.3.5 接触轨的故障处理

1. 整体绝缘支座的维护

（1）绝缘支座的类型、结构、作用、材质。绝缘支座是接触轨系统中支撑接触轨并起绝缘作用的装置，一般有绝缘子式、整体绝缘支架式、分体式绝缘支座。其中上部受流与下部受流的整体绝缘支座又不相同。

接触轨整体绝缘支架由玻璃纤维增强材料（GFRP玻璃钢）采用SMC模压成型工艺制造。玻璃钢接触轨托架和绝缘支座设计是通过各自接触面的齿槽咬合，经螺栓连接在一起的。齿槽咬合起垂直限位的作用，同时接触轨安装时可进行上下微调；接触轨托架与接触轨扣件也经螺栓连接成一整体，接触轨扣件设计成具有一定特殊结构，可防止接触轨扣件沿接触轨铺设方向左右摆动；绝缘支座的结构设计应使整体绝缘支架具有良好的受力性能，满足各种可能负荷出现的受力要求，绝缘支座的长孔可使整体绝缘支架在水平方向上有30 mm的调整余量，在垂直方向上有40 mm的调整余量，从而保证接触轨的相关安装距离。

1 500 V下部接触受流接触轨系统的整体绝缘支架由玻璃纤维增强树脂采用模压工艺制造。主要包括以下部件：支架本体、接触轨托架、接触轨扣件（即卡爪），如图3—28所示。

（2）整体绝缘支架的检修维护

1）范围。对绝缘支架、支架底座进行全面详细的检查，包括紧固螺栓、支架底座、绝缘支架及连接螺栓等，对松动、不符合要求的进行维护处理。

2）内容

① 检查绝缘支架紧固螺栓是否紧固，有无松动。

② 检查绝缘支架有无变色、表层剥落、裂纹及其他异常现象。

③ 检查绝缘支架底座有无镀锌层脱落、锈蚀现象。

④ 检查绝缘支架与接触轨的对正情况。

3）质量标准

① 整体绝缘支架无损伤变形等。紧固件齐全，安装牢固可靠，各连接螺栓的紧固力矩满足设计要求，卡爪及托架固定螺栓力矩均为44 N·m。

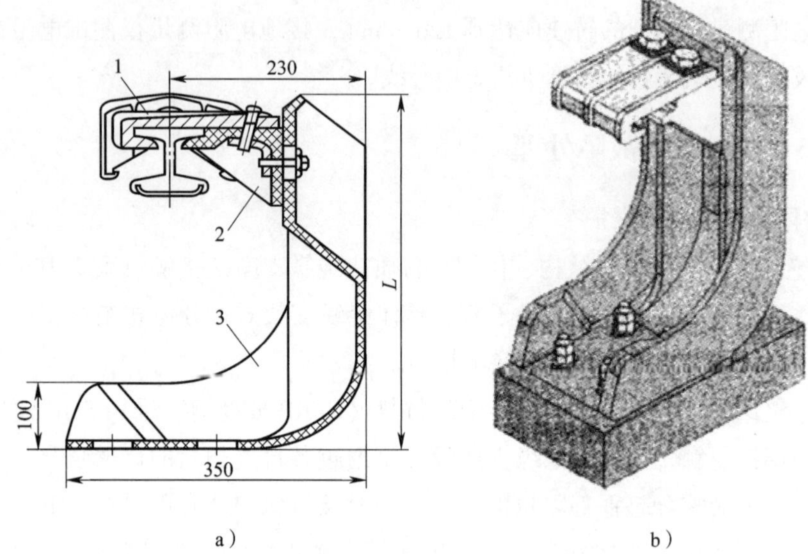

图 3—28　下接触式整体绝缘支架式绝缘支座

a）结构图　b）效果图

1—卡爪　2—托架　3—支架本体

② 整体绝缘支架纵向轴线垂直于线路中心线，横向轴线平行于线路中心线。

③ 整体绝缘支架以及接触轨托块的防滑齿完好，同时齿间正确咬合。

④ 接触轨托块和卡爪完好无损坏，其横向轴线应平行于线路中心线，以满足接触轨能顺线路方向顺畅滑动。

⑤ 各镀锌螺栓无变形，镀锌层和螺纹完好，预留调节余量满足设计要求，螺栓外露部分要涂防腐油。

4）绝缘支座的维修方法

①绝缘支架倾斜时，观察判断倾斜的原因，若属于中锚绝缘支架受力不均等引起，宜把该锚段调顺，使中锚绝缘支架恢复正常；若支架出现裂纹应进行更换；若属于接触轨伸缩时接触轨扣件卡滞引起，则调整接触轨扣件，把绝缘支架调正。

②绝缘支架有裂纹，影响使用时应更换。

③按规定清扫绝缘支架。

④紧固件的检查调整。首先检查各防松标记是否有变化，无变化时可不作调整，有变化时需要把防松标记擦除，重新用力矩扳手按规定的力矩紧固，然后再用油漆标记笔画上防松标记。

⑤锚固螺栓的检查处理。底座螺栓基础出现异常，螺栓受力不能保证要求时，可按规定改移该支架。

（3）整体绝缘支座的常见故障、原因、处理方法见表3—4。

表3—4　　绝缘支座的常见故障、原因、处理方法

故障	原因	处理方法
闪络击穿	雷电	恢复绝缘，加强巡视，限速通过
	绝缘支架脏污	清除污物，加强巡视检查，更换零部件
扭曲变形	接触轨热胀冷缩产生伸缩运动	变形不严重，没有侵限，加强观察巡视，否则检修
破损裂纹	长期承受冲击力或者支架本身材质问题	对破损、裂纹不影响承载的，且不是端部弯头处，不侵限的可不处理，必要时限速通过，否则应更换
	外力破坏	严重者更换

2．端部弯头的维护

（1）端部弯头的结构和作用

1）端部弯头按照正线和车场线分为两种，正线端部弯头长度为5.2 m，端部弯头两端的高度差为126 mm（见图3—29）；车场线端部弯头长度为3.4 m，端部弯头两端的高度差为129 mm，端部弯头同接触轨之间采用普通接头连接。其作用是为了保证列车在额定速度运行时，受电靴能够平滑地接触和脱离复合轨。

图3—29　第三轨端部弯头

2）端部弯头采用两个绝缘支架进行支撑，与接触轨采用普通接头连接，可确保其接口处高度相同，无须进行打磨。由于端部弯头构造无任何方向性，它与接触轨的连接同接触轨之间的连接方式一样，可被安装在任何区段的末端。端部弯头预弯以后，采用铝合金做填充剂，进行气体保护金属极电弧焊，焊后进行接口表面的清洗处理，以免焊接后零件出现焊接裂纹和焊接应力。

3）端部弯头应满足以下要求：

①端部弯头的断口与接触轨之间密贴，没有高低差及由此产生的台阶伤及集电靴。

端部弯头与接触轨通过普通接头连接的部位没有坡度，因此能够保证端部弯头与接触轨之间密贴而不会形成高低差，保证集电靴顺利通过；绝缘子和扣件在端部弯头进行至少一处的支承固定（正线弯头有两处支承固定），避免端部弯头两端的高度差及由此产生的台阶伤及集电靴。

②端部弯头具有良好的耐电弧烧损、耐冲击特性。端部弯头在端部经过预弯后具有自熄弧功能。接触轨系统的设计应尽量缩短集电靴与接触轨的接触空档区域。

③端部弯头与接触轨通过电连接用中间接头固定连接。端部弯头无方向性，与接触轨有同样截面和形状，通过电连接用中间接头或普通中间接头能与任意成品接触轨断面相匹配，无须打磨。

④端部弯头的坡度合理。5.2 m 的高速端头的坡度为 1∶41。每一个端部都经过预弯，坡度更大些，这样能保证端部弯头具有更好的自熄弧特性，工厂加工端部弯头时用标尺严格检验坡度。

端部弯头的外形如图 3—29 所示，端部弯头的结构如图 3—30 所示。端部弯头的安装效果示意图如图 3—31 所示。端部弯头的安装实物如图 3—32 所示。

（2）端部弯头的检修和维护

1）范围。对端部弯头进行全面详细的检查，对不合要求的内容进行维护处理。

2）内容

①检查受流面是否有电弧烧伤痕迹。

②测量检查端部弯头上弯状态是否符合要求，对不符合要求者进行调整。

③测量端部弯头末端、上弯始点绝缘支架处受流面与轨面的高度、与轨面中心线的水平距离，检查是否符合要求，对不符合要求者进行调整。

3）质量标准

① 端部弯头的断口与接触轨之间密贴，没有高低差及由此产生的台阶伤及集电靴。

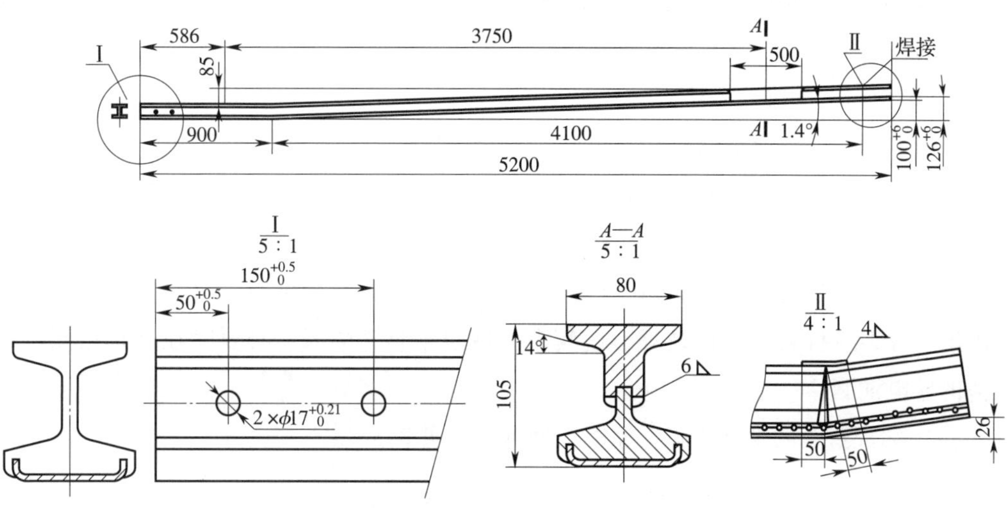

图 3—30　端部弯头的结构图

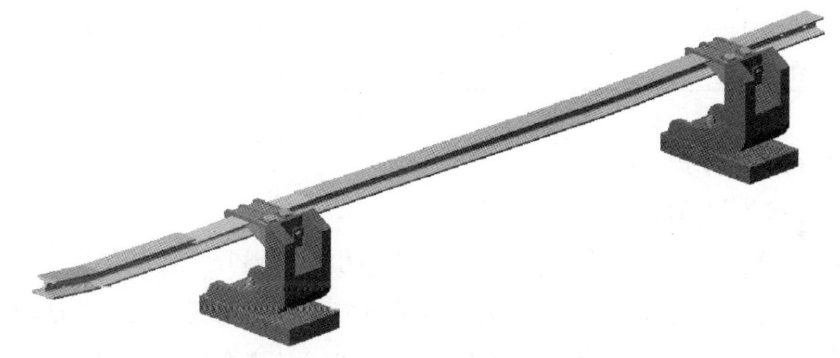

图 3—31　端部弯头实际安装效果示意图

图 3—32　端部弯头安装图

② 端部弯头的抬升量应符合要求，5.2 m 的端部弯头的坡度为 1∶41，3.4 m 的端部弯头的坡度为 1∶22。

4）端部弯头的维修方法。

①用专用测量尺测量端部弯头的工作高度、偏移值，测量后填写测量记录。

②对端部弯头的工作高度、接触轨偏移值、接触轨受流面与轨平面平行度进行调整。

③端部弯头磨耗的测量。

④端部弯头受流面出现熔珠、麻点、毛刺等凹凸不平现象时，可根据其严重程度用砂纸、锉刀、打磨机进行处理，使其表面恢复平整、顺滑，必要时在处理后涂抹一层薄的导电油脂。

（3）端部弯头的常见故障、原因、处理方法见表 3—5。

表 3—5　　端部弯头的故障原因及处理方法

故障	可能的原因	处理方法
接触轨过度弯曲	振动	检查绝缘支架底座固定螺钉，用正确的力矩紧固
		检查绝缘支架的紧固螺栓，用正确的力矩紧固螺栓
连接电缆松动		清理接触面，重涂导电油脂，重新按照正确的力矩紧固螺栓

3. 膨胀接头的维护

（1）膨胀接头的结构、特点、作用

1）结构、作用。由于环境温度的变化、电流引起的温升、日照和复合轨的移动等都会造成接触轨温度的变化，使接触轨因热胀冷缩而产生长度变化，在适当位置设置膨胀接头用来调节热胀冷缩现象。一般在隧道内 90 m，隧道外 75 m 设一个膨胀接头，确保接触轨的安全运行。

膨胀接头由两根长轨（左右滑轨）和一根短轨组成。为了保证集电靴顺利通过膨胀接头，长轨和短轨都要对角切掉 150 mm（长、短轨的接缝为斜角），这样可以使表面连续，间隙可以调整并且可以重合，以便使集电靴可以平滑的从一端过渡到另一端。左右滑轨的作用是让集电靴在膨胀点过渡时减小运行中产生的电弧。为了帮助电能转换，在设计上考虑了一个中间块用来协助集电靴。

长轨和短轨的连接靠锚固夹板（特殊的长普通接头）通过三个螺栓安装在左右滑轨及中间轨的两侧，锚固夹板与短轨为固定连接，而两根长轨在连接锚固夹板的位置开有长孔，这种锚固夹板是一种特殊的夹板，与左右滑轨的接触面比中间低 0.1 ~ 0.2 mm，而且三个螺栓的紧固力矩也不相同，中间螺栓的紧固力矩为 50 N · m，两边为

20 N·m。锚固夹板两边在螺栓紧固力矩的作用下发生弹性变形，使其与左右滑轨密切相接，加上锚固夹板与左右滑轨及中间轨的接触面涂有导电油脂，因而具有良好的导电性能。当锚固夹板两边的紧固力矩为20 N·m时，锚固夹板与左右滑轨的摩擦力为312 N，小于接触轨的膨胀力，可以保证膨胀接头的左右移动，并通过试验验证。为了弥补滑轨磨损造成紧固力下降，在滑轨外采用双蝶簧和双螺母的防松措施，保证了磨损后和在振动的情况下，夹板与滑轨之间始终保持适当的压紧力。总之，膨胀接头这种结构可以满足膨胀接头两侧的接触轨因热胀冷缩而产生长度变化时，使其左右伸缩自如得到补偿，且又具有良好的导电性能。这样既保证电流续接良好，又使左右滑轨随温度变化伸缩导向准确。

电流连接器主片、副片采用紫铜材质，导电性好，表面镀银，使得主、副片滑动时接点接触良好，导电性能提高。U形螺栓上配有弹簧，弹簧在螺栓紧固力作用下压缩6～11 mm，弹力为480～500 N，主、副片之间的摩擦力为124～130 N，这个力使主、副片既紧密相切，又能左右滑动。铜垫板、U形螺栓垫板等导电零件也采用紫铜材质，表面镀银，这样既保证了电气连接的可靠性，又不会产生任何电化学腐蚀。

两组膨胀接头之间的温度伸缩补偿段称为一个锚段。一般地面段锚段长度为75 m，地下隧道内锚段长度为90 m，距洞口500 m范围内的隧道中设置的锚段按地面段考虑。

膨胀接头的外形图如图3—33所示，安装效果示意图如图3—34所示。

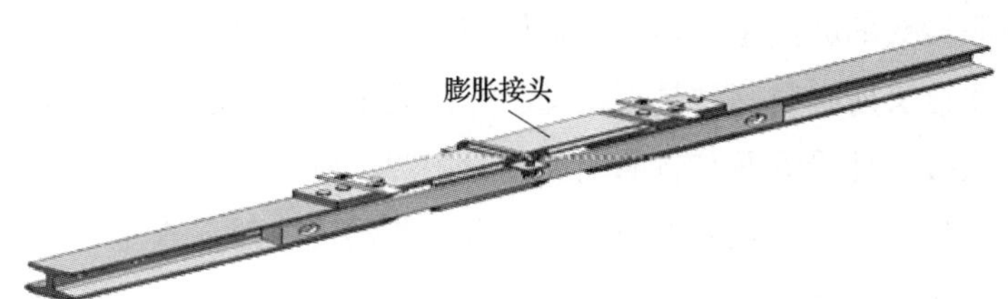

图3—33　膨胀接头外形图

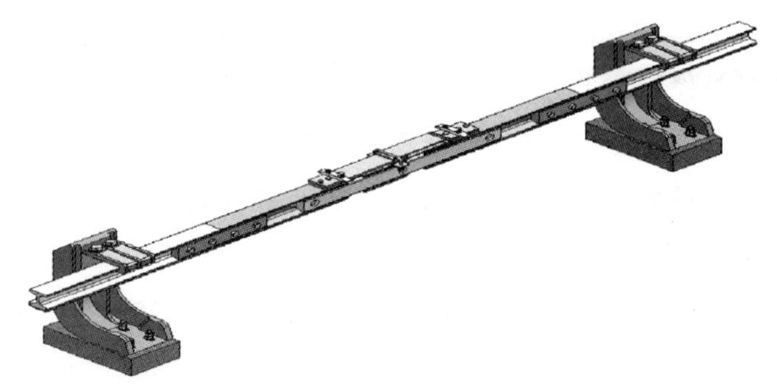

图3—34　膨胀接头安装效果示意图

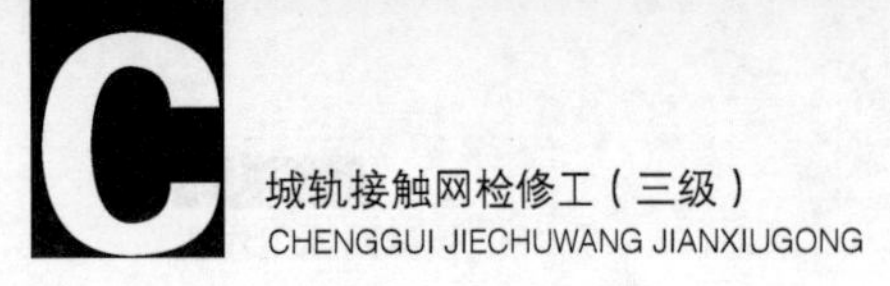

2）特点

① 接触轨的载流量为 3 000 A，膨胀接头的载流量为 5 623 A，大于 3 000 A 的 1.2 倍即 3 600 A，经试验验证载流量也大于 3 600 A。

② 膨胀接头与铝接触轨的电气连接是镀银的铜垫板，这不但保证了最高的电气连接可靠性，又不会产生任何电化学腐蚀。膨胀接头用的紧固件都是不锈钢件，也不会产生任何电化学腐蚀。

③ 抗振防松性能好，便于装卸。

④ 膨胀接头长 1 975 mm，补偿量为 200 mm。在直线段，膨胀接头应尽量安装在两个支架装置的中心部位，最少膨胀接头的每一端距支架装置的距离不小于 400 mm。弯道段中设置膨胀接头，则会使绝缘支架及膨胀接头受到很大的张力。膨胀接头的滑动块会因为这一额外张力而加速磨损，绝缘支架也会很快磨损。所以一般不在弯道处设置膨胀接头。在特殊情况下，也会出现半径小于 300 m 的弯道必须设置膨胀接头的情况，此时膨胀接头依然能起到作用，可是会使膨胀接头张开及闭合的张力转移作用于绝缘支架上。

（2）膨胀接头的检修维护

1）范围。对膨胀接头进行全面详细的检查，对不合要求的内容进行维护处理。

2）内容

① 检查膨胀接头有无过热变色、烧伤现象。

② 检查膨胀接头的磨损是否均匀，补偿间隙过渡是否平滑。

③ 检查膨胀接头所有紧固件是否松动，所有螺栓紧固力矩是否满足要求。

④ 测量膨胀接头处受流面与轨面的高度及限界。

⑤ 测量膨胀接头补偿间隙的大小，可参考安装温度曲线检查是否符合要求。

⑥ 检查膨胀接头与接触轨的连接是否平顺。

⑦ 检查膨胀接头的电气连接状况。

3）质量标准

① 膨胀接头的补偿间隙参考安装温度曲线。参见膨胀接头安装曲线图，如图 3—35 隧道内膨胀接头安装曲线和图 3—36 隧道外膨胀接头安装曲线所示。

② 膨胀接头的各螺栓紧固力矩符合设计要求，其锚固夹板三个螺栓的紧固力矩不相同，紧固螺栓时，用扭矩扳手交替拧紧。中间螺栓的紧固力矩为 59 N · m，两边为 20 N · m。电流连接器与接触轨连接的 M10 螺栓紧固力矩为 25 ~ 31 N · m，U 形螺栓弹簧长度为 15 ~ 16 mm，在 M16、U 形螺栓与螺母连接处有红油漆标记。要保证膨胀接头在温度变化的情况下能伸缩自如，无卡滞现象。

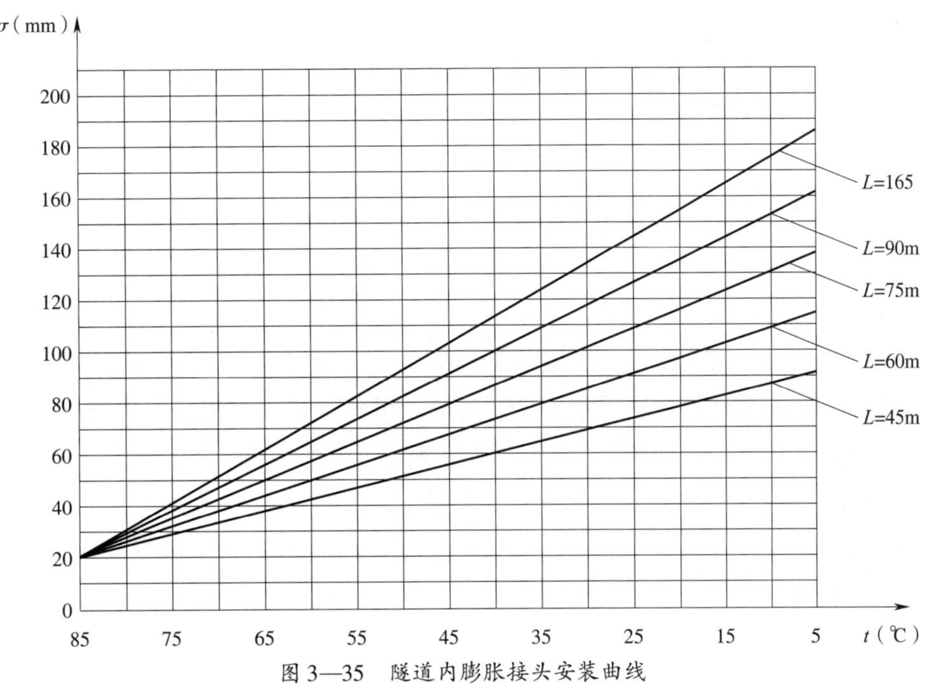

图 3—35 隧道内膨胀接头安装曲线

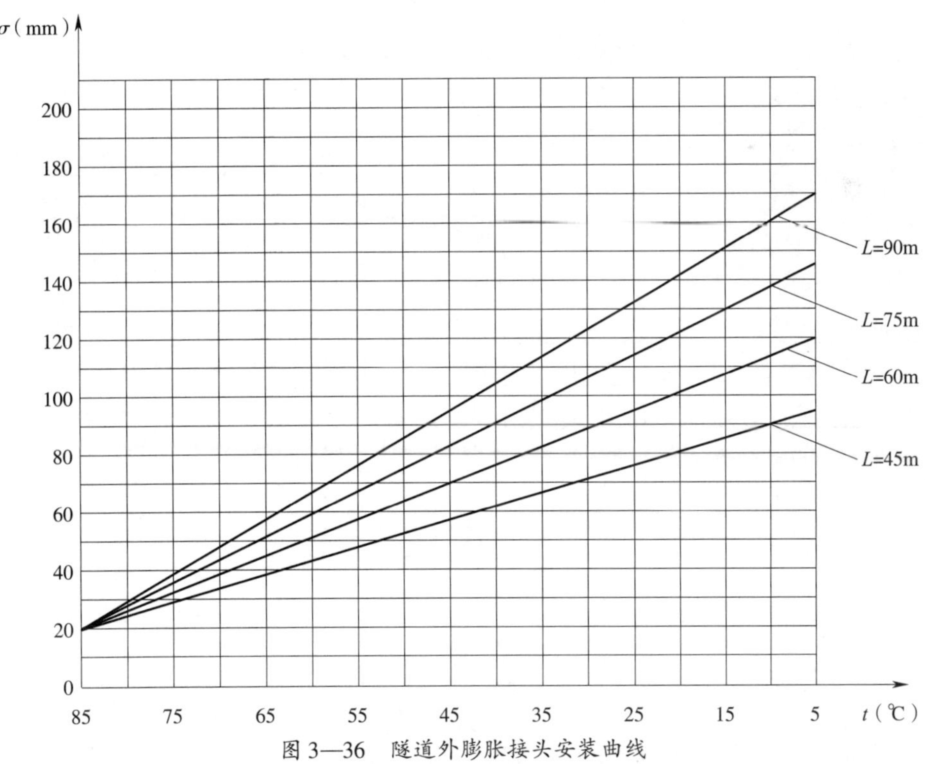

图 3—36 隧道外膨胀接头安装曲线

4）膨胀接头的维修方法

①紧固件的检查调整。首先检查各防松标记是否有变化，无变化时可不作调整，有变化时需要把防松标记擦除，重新用力矩扳手按规定的力矩紧固，然后再用油漆标记笔画上防松标记。

②补偿间隙的测量。用专用工具或者直接测量膨胀接头的标记线，测量出补偿间隙值。用数字温度计测出已安装接触轨的温度，将温度感应点分别置于轨底、轨腹下部及钢带表面，记录读数并计算其平均值。对照膨胀接头安装曲线，判断实际曲线是否符合设计规定，一般膨胀接头一经施工完毕就无法直接进行调整，当膨胀接头的补偿间隙值不正确会危及接触轨系统安全运行时，可对该锚段中的一段轨进行局部更换或者在中间接头处进行特殊长度处理，以保证温度补偿的正确性及安全性。

③ 膨胀接头卡滞。膨胀接头卡滞时需检查卡滞是部件变形引起的，还是润滑不良引起的，如果是部件变形引起的可局部更换部件，如果是润滑不良引起的可把夹板拆卸下来，清洗干净后涂上一层薄的导电油脂，然后按规定力矩用力矩扳手紧固。

④施工温度间隙参见表3—6和表3—7。

（3）膨胀接头的故障、原因及处理方法见表3—8。

表3—6　　膨胀接头隧道外施工温度安装间隙

施工轨温（℃）	-5	-4	-3	-2	-1	0	1	2	3	4	5
预留间隙（mm）	74	73	72.6	72	71	70	69	68	67.6	67	66
施工轨温（℃）	6	7	8	9	10	11	12	13	14	15	16
预留间隙（mm）	65	64	63	62.7	62	61	60	59	58.6	58	57
施工轨温（℃）	17	18	19	20	21	22	23	24	25	26	27
预留间隙（mm）	56	55	54	53.6	53	52	51	50	49	48.6	48
施工轨温（℃）	28	29	30	31	32	33	34	35	36	37	38
预留间隙（mm）	47	46	45	44	43.7	43	42	41	40	39.6	39
施工轨温（℃）	39	40	41	42	43	44	45	46	47	48	49
预留间隙（mm）	38	37	36	35	34.6	34	33	32	31	30.5	30
施工轨温（℃）	50	51	52	53	54	55	56	57	58	59	60
预留间隙（mm）	29	28	27	26	25.6	25	24	23	22	21	20.6
施工轨温（℃）	61	62	63	64	65	66	67	68	69	70	
预留间隙（mm）	20	19	18	17	16	15.6	15	14	13	12	

注：1. 膨胀接头隧道外安装距离为75 m，接触轨运行温度为-5～85℃。

2. 最终安装间隙按设计部门所给的间隙为准。

表 3—7 膨胀接头隧道内施工温度安装间隙

施工轨温（℃）	10	11	12	13	14	15	16	17	18	19	20
预留间隙（mm）	74	73	72	71	70	69	68	67	66	65	64
施工轨温（℃）	21	22	23	24	25	26	27	28	29	30	31
预留间隙（mm）	63	62	61	60	59	58	57	56	55	54	53
施工轨温（℃）	32	33	34	35	36	37	38	39	40	41	42
预留间隙（mm）	52	51	50	49	48	47	46	45	44	43	42
施工轨温（℃）	43	44	45	46	47	48	49	50	51	52	53
预留间隙（mm）	41	40	39	38	37	36	35	34	33	32	31
施工轨温（℃）	54	55	56	57	58	59	60	61	62	63	64
预留间隙（mm）	30	29	28	27	26	25	24	23	22	21	20
施工轨温（℃）	65	66	67	68	69	70					
预留间隙（mm）	19	18	17	16	15	14					

注：1. 膨胀接头隧道内安装距离为 90 m，接触轨运行温度为 10～85℃。

2. 最终安装间隙按设计部门所给的间隙为准。

表 3—8 膨胀接头的故障、原因及处理方法

故障	可能的原因	处理方法
过热	轨间连接松动	重新调整普通接头
过载	电连接板接触不良	松开 U 形螺栓，调整电连接板主副板位置
		检查负载情况，根据设计要求调整
不锈钢带磨损不均匀	接触轨和受电靴对正不好	参考走行轨检查膨胀接头的接触面。膨胀接头中心与最近的走行轨的内侧的水平距离，接触面间的垂直距离应符合设计要求。如果轨和受电靴的接触面不平，将会减小有效接触面，产生过热，进而可能产生严重的电磨损，检查支架的紧固件是否松动
在轨间的连接处产生微小的弯曲	轨间的连接松动	重新调整普通接头；使用金属刷清理配合面，并重涂导电油脂

4. 中间接头的维护

中间接头用于固定、连接相邻接触轨并传导电流，按用途分为普通中间接头及电连接用中间接头。

（1）普通中间接头

1）普通中间接头的结构、作用。普通中间接头的结构如图3—37所示。接触轨对接处如图3—38所示；普通中间接头的安装效果如图3—39所示。普通中间接头的作用是固定连接相邻接触轨并传导电流。

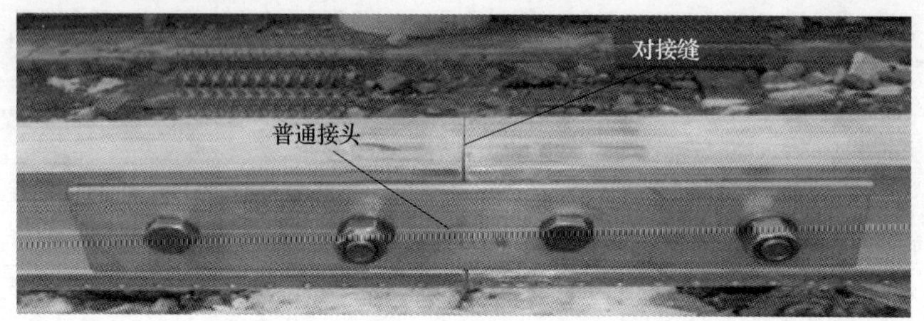

图3—37　普通中间接头的结构

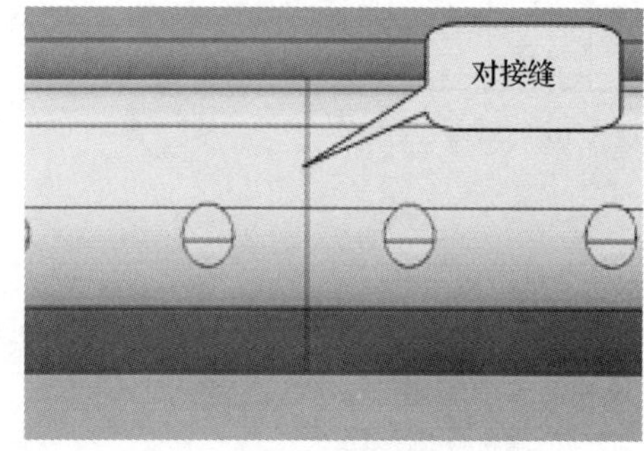

图3—38　接触轨对接处

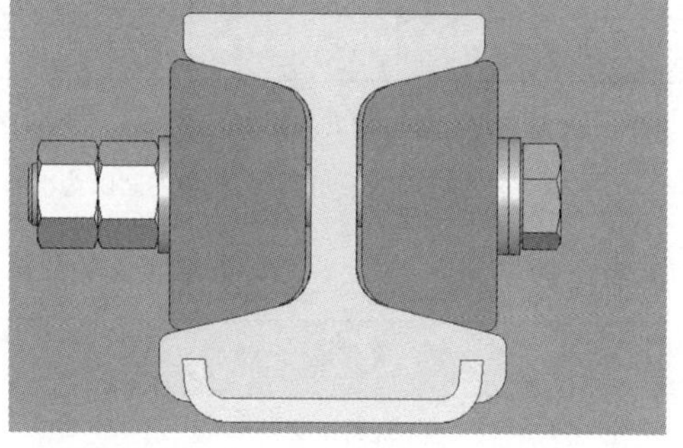

图3—39　普通中间接头安装效果

①每一段接触轨、端部弯头或膨胀接头都是通过一套普通接头连接的，接头的材质与接触轨的材质相同，均为6101（T6），普通接头本体毛坯采用挤压成型，表面强度高，粗糙度低，外形尺寸准确。加工时只需根据需要的长度锯断，并打孔即可。因此，它具有足够的强度来满足固定的机械要求，同时它的截面积足够大，可以承载3 000 A的电流。接头本体的轮廓与接触轨腰面紧密相贴，确保电流续接的要求，持续载流量达到4 142 A。

②每一套普通接头配有紧固件4套，每套包括螺栓、蝶形弹垫各一个，螺母、平垫各两个。螺栓、螺母材质分别是0Cr18Ni9和1Cr18Ni9。普通接头的螺栓防松是采用双螺母防松的。

③普通中间接头本体上有4个ϕ17 mm的孔，且对称分布，并预先在工厂加工好。因此，安装方便，无安装方向要求。具体结构如图3—40所示。

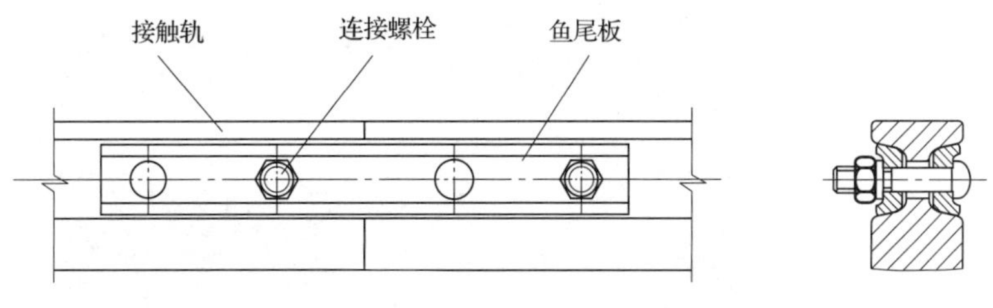

图 3—40 普通中间接头结构图

2）普通中间接头的维护处理

①对普通中间接头进行全面详细的检查，对不符合要求的进行维护处理。

②全面详细检查、测量各绝缘支架点处的接触轨受流面至轨面的垂直高度、接触轨受流面中心线至轨面中心线的水平距离，对不符合要求的点进行维护处理，确保各参数符合要求。

③检查普通中间接头有无烧伤、变色现象。

④检查普通中间接头连接有无松动，导电油脂涂层是否均匀足够，接头处钢带接触面过渡是否平滑。

（2）电连接用中间接头的维护

1）电连接用中间接头的结构和作用

①电连接用中间接头是连接供电电缆向接触轨供电的零件，它由两片铝合金零件组成，一块是普通接头本体，另一块在普通接头的本体上焊有 4 个电连接板，可以连接 8 根电缆。电连接用中间接头如图 3—41 所示。电连接用中间接头的材质与接触轨的材质相同，均为 6101（T6）。电连接用中间接头能安装在接触轨的任何位置，如牵引变电所出口、接头、弯头、电分断或道岔处。

②电连接用中间接头本体及电连接板的截面积足够大，可以承载 3 000 A 的电流，保证输送满负荷接触轨额定电流时不过热。接头本体的轮廓与接触轨腰面紧密接触，确保电流续接的要求。

③每一套电连接用中间接头配有紧固件 4 套，每套包括螺栓，蝶形弹垫各一个，螺母、平垫各两个。螺栓、螺母材质分别是 0Cr18Ni9 和 1Cr18Ni9，规格为 M16，平垫材质为不锈钢 1Cr18Ni9，蝶形弹垫材质为 1Cr18Ni9。电连接用中间接头螺栓的防松是通过采用蝶形垫和双螺母保证的。

④电连接用中间接头将保证最少连接 8 根电缆，同时考虑了接地挂环的安装，主要用于接触轨接地保护用。电连接用中间接头及接地挂环如图 3—42 所示。

图 3—41　电连接用中间接头

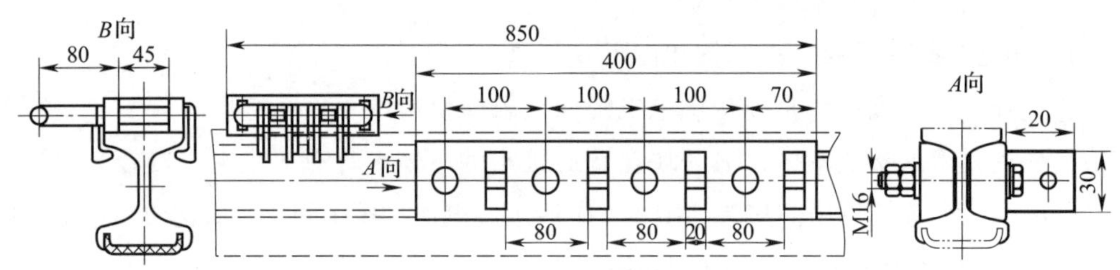

图 3—42　电连接用中间接头及接地挂环

⑤电连接板（见图 3—43），本体材质与接触轨的材质相同，均为 6101（T6）。电连接板是用来连接柔性供电电缆的，应注意其接入电缆的长度要足够长，尤其对铝轨的纵向移动不应有影响，也不能给铝轨的侧边造成任何应力。

2）电连接用中间接头的维护

①检查电连接用中间接头周围区域是否有变色现象，配合面的检查需要拆下线鼻子或者电连接中间接头。

②检查电缆的位置，因环境温度变化或者负载引起的接触轨的伸缩不应受到限制。

③检查是否有断裂和剥落现象，检查接线端子是否紧固。

④检查中间接头带电部分与接地体之间的最小净距离，其规定见表 3—9。

图 3—43 电缆连接板

表 3—9 接触轨带电部分和接地体之间的最小净距

标称电压（V）	静态（mm）	动态（mm）	绝对最小动态（mm）
750	25	25	25
1 500	150	100	60

（3）中间接头的维修方法

1）检查螺栓防松标记是否移动，若移动则把标记擦除，再按规定力矩紧固后重新用油漆标记笔画上防松标记。

2）当接触轨受流面过渡不平滑、有台阶时，应用砂轮机打磨接触轨，直至其两端接触轨过渡平滑。

3）当中间接头与接触轨的接触面有烧伤时，应进行打磨，严重时更换中间接头。

（4）中间接头的常见故障、原因及处理方法见表 3—10。

表 3—10 中间接头的常见故障、原因及处理方法

故障	可能的原因	处理方法
过热	轨间的普通接头板松动	检查螺栓、螺帽、垫圈
		拆开普通接头，用金属刷清理配合面
		在普通接头和轨的配合面涂导电油脂；安装普通接头和螺栓；使用防卡死润滑剂防止不锈钢螺栓卡死；确保螺栓的紧固力矩为 70 N·m

5. 中心锚结的维护

（1）中心锚结的结构、作用。中心锚结一般设置在两膨胀接头之间（即一个锚段）的中部。正常情况下中心锚结设置一组，但在线路纵向坡度超过 20‰时选用特殊的中

心锚结装置。中心锚结是接触轨锚段中部用于防止接触轨纵向移动的装置，可防止接触轨向两侧不均匀窜动，从而保持膨胀区段的中点位置。中心锚结一般分为普通中心锚结和大坡度中心锚结，一般情况下，中心锚结采用普通中心锚结，在线路纵向坡度超过一定数值时（如20‰）采用大坡度中心锚结。

1）普通中心锚结。一般设置在锚段的中部，安装在整体绝缘支架两侧，如图3—44所示。

普通中心锚结一般由两组普通防爬器组成。每套普通防爬器由一对梯形截面铝块组成，用两套紧固件连接，每套包括螺栓、蝶形弹垫各一个，螺母、平垫各两个。普通防爬器的螺栓防松是通过采用蝶形弹垫和双螺母保证的。普通防爬器每个铝块上都已钻好两个 ϕ17 mm的孔，用不锈钢螺栓紧固在轨腰上。与接触轨连接采用两套M16不锈钢螺栓。普通防爬器的组件如图3—45所示。普通防爬器的结构如图3—46所示。普通防爬器单独安装效果如图3—47所示。普通防爬器的安装位置如图3—48所示。

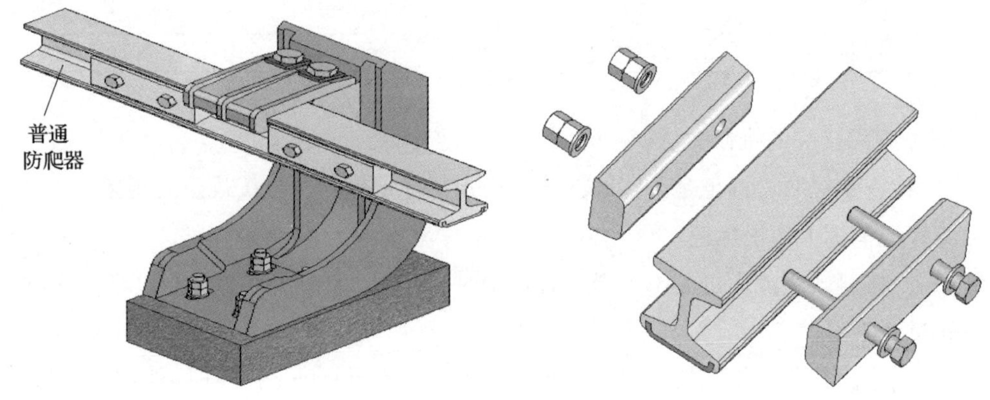

图3—44　普通中心锚结　　　　图3—45　普通防爬器组件

2）大坡度中心锚结。大坡度中心锚结一般有两种：斜拉绝缘子式和双组普通中心锚结式。斜拉绝缘子式大坡度中心锚结如图3—49所示。锚结用防爬器的结构图如图3—50所示。锚结防爬器的安装效果如图3—51所示。锚结防爬器的组件如图3—52所示。

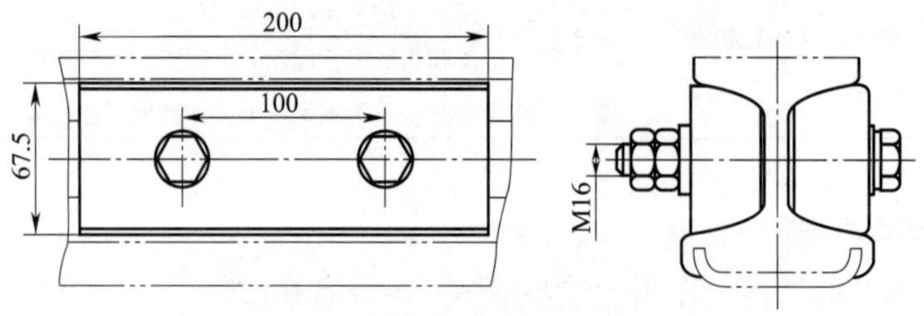

图3—46　普通防爬器的结构

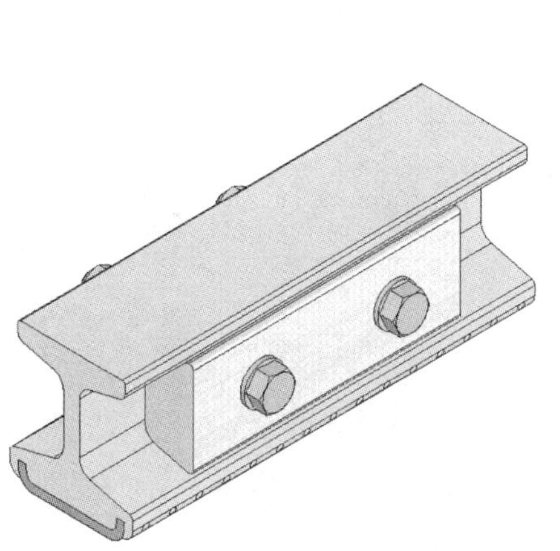

图 3—47　普通防爬器的单独安装效果

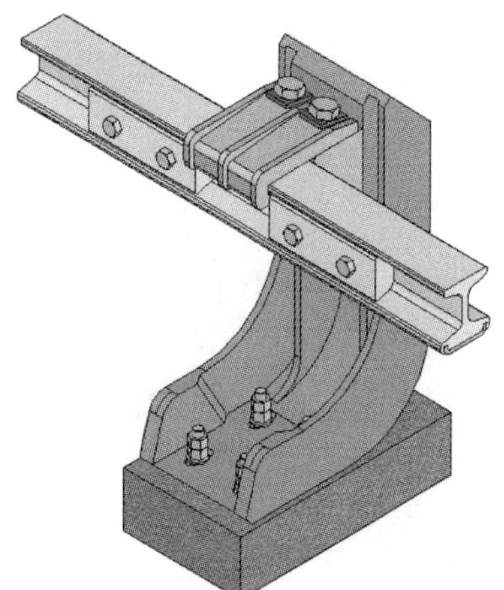

图 3—48　普通防爬器的安装位置

图 3—49　斜拉绝缘子式大坡度中心锚结

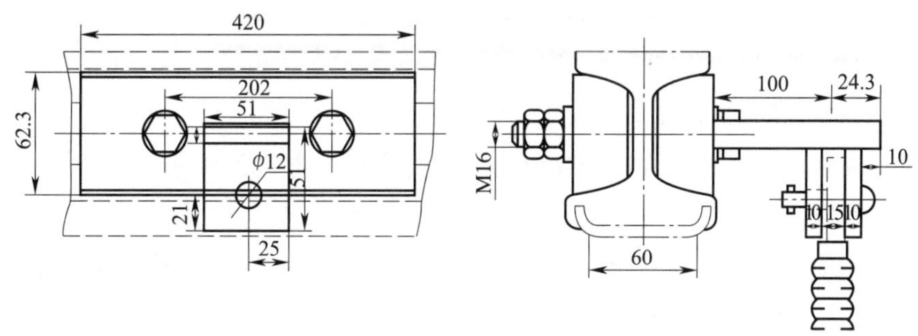

图 3—50　锚结用防爬器的结构

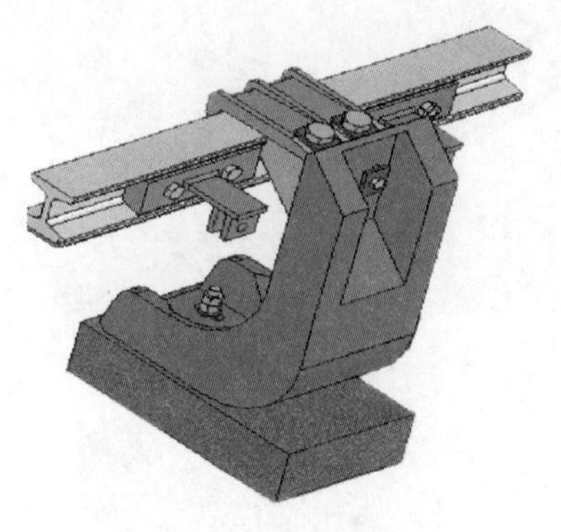

图 3—51　锚结防爬器安装效果

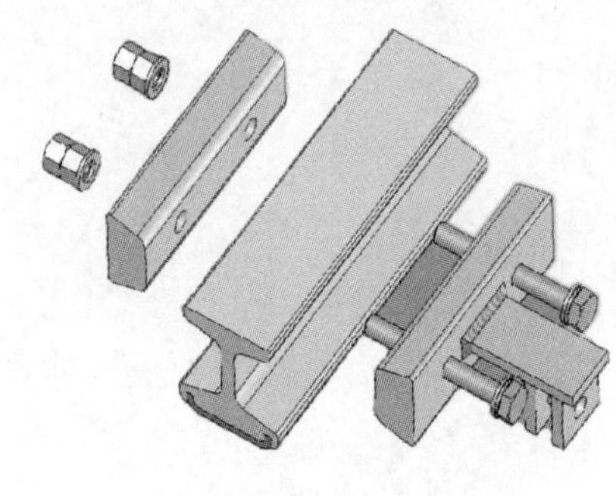

图 3—52　锚结防爬器组件

双组普通中心锚结式的大坡度中心锚结的结构形式与普通中心锚结的结构基本相同，由于两组普通中心锚结的间距较小，一般间距为600～700 mm，因此中间两组防爬器一般为单孔形式的防爬器。

（2）防爬器的检修和维护

1）范围。对防爬器进行全面详细的检查，对不符合要求的内容进行维护处理。

2）内容

①检查防爬器与接触轨的连接状态，有无导电油脂，紧固螺栓有无松动。

②检查防爬器及绝缘支架接触面有无损伤。

③检查防爬器与绝缘支架的状态。

④检查防爬器及防护罩的安装状态。

3）质量标准

①防爬器带电端至接地体的距离不允许小于 150 mm。

②防爬器和绝缘支架无变形或破坏。

③防爬器螺栓间距为 100 mm，内侧螺栓距离绝缘支架边缘为 50 mm。

4）中心锚结的维修方法。

①中心锚结拉线受力不均时调整拉线、调整螺栓，使其受力均匀。

②普通中心锚结在两端受力不均时会导致中心锚结绝缘支架倾斜，这时应调整该锚段，使中心锚结绝缘支架端正，并核查该锚段有无绝缘支架卡滞现象，有则进行调整。

③紧固件的检查调整。首先检查各防松标记是否变化，无变化时可不作调整，有

变化时需把防松标记擦除，重新用力矩扳手按规定的力矩紧固，然后再用油漆标记笔画上防松标记。

④测量带电部分与接地体之间的最小净距及有无侵入限界，超过最小净距或有侵入限界时需要进行调整。

6. 防护罩的维护

（1）防护罩的结构、材质、作用。防护罩的作用是尽可能地避免人员无意中触碰到带电设备，一般采用玻璃纤维增强树脂材质制造。上部受流的防护罩示意图如图3—53所示，下部受流的防护罩实物图如图3—54所示。

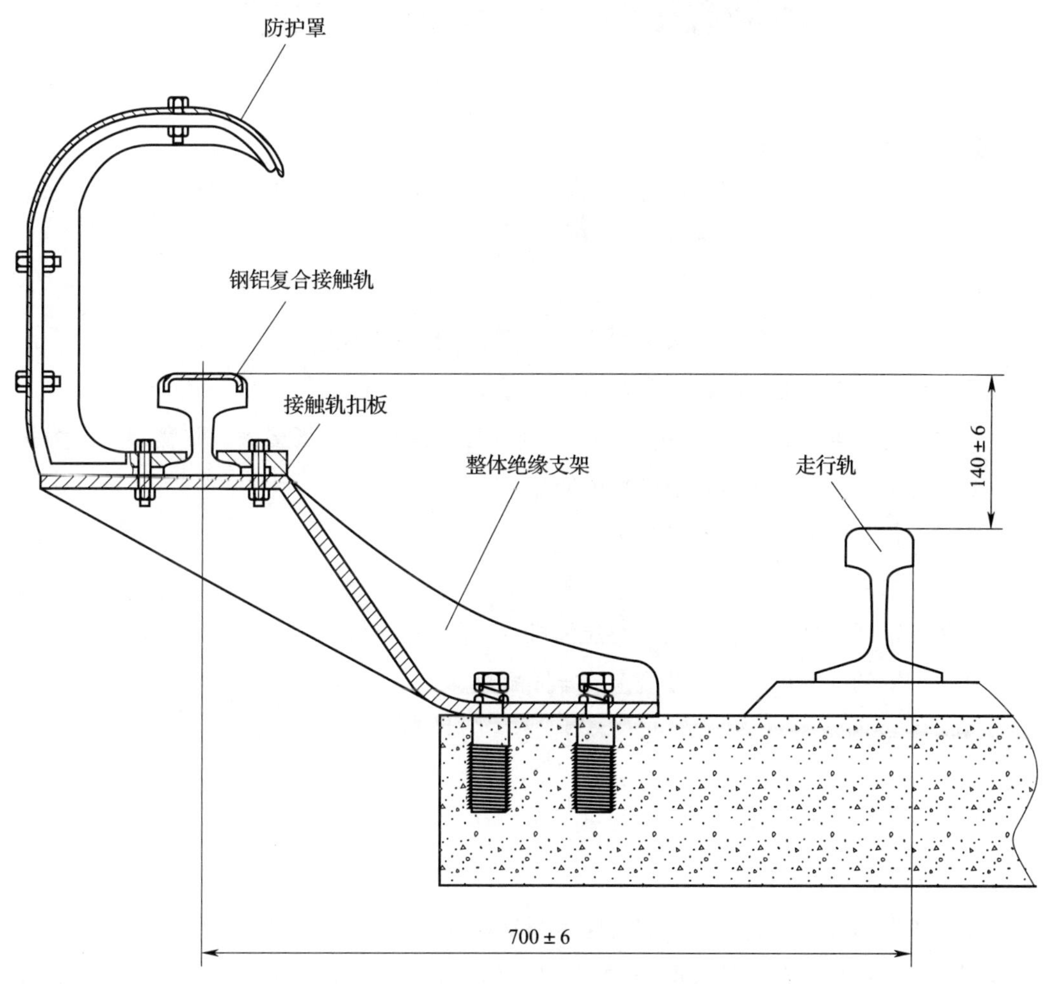

图3—53　上接触轨式防护罩示意图

图 3—54　下接触轨式防护罩

（2）防护罩的检修维护

1）范围。对防护罩支撑卡、防护罩（包括支架防护罩、电缆接线板防护罩、锚结防护罩）等进行全面详细的检查。

2）内容

①检查防护罩有无变色、表层剥落、裂纹及其他异常现象。

②检查防护罩上的警示标志是否清晰、有无脱落。

③检查防护罩、支撑卡与接触轨的结合状态，特别是膨胀接头、防爬器、电缆接线板处的防护罩，不影响接触轨的自由伸缩。

④对不符合要求的防护罩进行更换。

3）质量标准

①防护罩规格型号、各种电气性能和机械性能符合产品技术条件，无损伤。

②防护罩的选型正确，安装规范、牢固可靠。

③防护罩的支撑卡布置合理，无损坏，防护罩的支撑卡每隔 500 mm 布置一处。

④防护罩上的警示标志齐全、明显。

4）防护罩的维修方法

①防护罩搭接或安装不良凸起时应重新搭接或安装，使防护罩紧扣在防护罩卡上，必要时局部更换尺寸差异较大的防护罩，同时应检查防护罩搭接或安装不良是否由于接触轨部件异常所引起。

②标志不明显时用红油漆、毛笔和标志模板重新描画。

③清扫防护罩的积尘。

④如果有漏水直接滴在防护罩上，应报相关部门堵漏，并做好跟踪工作。

（3）防护罩的故障、原因及处理方法

1）故障

①现象。防护罩松脱、拱起。

②危害。可能侵限刮碰受电靴，严重时会出现靴轨故障。

2）原因分析

①没搭扣牢固。在正常情况下，防护罩是紧紧扣在防护罩安装卡上或者搭扣在其他防护罩上的，由于在检修时需要拆开防护罩检查接触轨，一旦没有恢复到位，此时若有外力（如风、车振动）的作用，就会出现防护罩松脱或拱起。

②变形或防护罩破损。防护罩搭扣部位出现大的变形甚至破损时，无法固定在防护罩支撑卡上或者搭扣在其他防护罩上，此时若有外力（如风、车振动）的作用，就会造成松脱或拱起。

3）处理方法

①以“先通后复”为原则，在运营时段没有侵限或侵限不严重的故障防护罩可暂不处理，但需加强观察巡视，必要时可要求列车限速通过。对于影响行车的故障，如有可能，故障处理人员应先搭乘列车到达故障点附近安全处，准备好后利用行车间隔停电抢修，在运营时段，把故障防护罩拆卸后即可恢复通车，同时应检查附近相关设备有无损坏并作相应的处理，力争把故障影响时间减少到最小。

②非运营时段的处理。若为没搭扣牢固引起，则把防护罩搭扣好即可；若为变形或破损造成，则需要更换防护罩。

7．接触轨电连接的维护

（1）电连接的设置。接触轨同一供电分区相邻断轨之间设置电连接，采用电缆将固定在断口两端接触轨上的电连接板进行电气连接。温度伸缩接头处的电连接采用铜板或铜杆连接，包含在中间过渡预留伸缩缝接头部件中。

检修时应对接触轨的电连接及相关部件进行全面检查，对不符合要求的内容进行处理。

（2）电连接的维修质量标准

1）电连接的规格、数量、裕度、接线应符合设计要求。

2）电缆应绝缘良好，无尖锐物体、重物挤压，无损伤、老化龟裂、过热变色、虫鼠害等异常现象，弯曲半径应符合设计要求。

3）电缆接线端子应压接良好，电缆接线端子连接部位应采用绝缘热缩管套封。

4）电连接、电连接线板及接触轨之间应安装密贴、连接牢固可靠、电气接触良好、导流良好，铜、铝过渡措施、安装位置、形式应符合设计要求，防腐、防松、紧固力矩应符合设计要求。

5）电连接应接在接触轨的外侧，不得刮碰受电靴。

6）电连接应固定可靠，布置规整，布线应符合设计要求。

7）带电部分与接地体之间的最小净距应符合表3—9的规定，且不得侵入限界。

（3）电连接的维修内容

1）检查电连接的规格、数量、裕度、接线和外观情况。

2）检查电连接的连接、接触情况，对需要涂油防腐的螺栓、螺母涂油。

3）检查电连接的布置、固定情况。

4）对不符合技术要求的内容进行处理。

（4）电连接的维修方法

1）检查电连接的规格、数量、裕度、接线。按设计要求检查电连接的规格、数量和接线，对规格不正确、载流量不能满足要求者予以更换；缺失时按设计要求的数量补齐电连接；对无法满足接触轨伸缩、土建结构伸缩要求，即裕度不够者进行调整或更换；对接线进行核查，保证接线正确。

2）检查机械连接及电气接触。检查机械连接是否良好，检查防松标记是否有变化，如有变化则把旧标记清除，按规定力矩紧固连接螺栓，使其达到标准；检查各部件有无烧伤、严重氧化现象，检查示温片有无超温显示，对轻度烧伤者用砂布打磨，涂上导电油脂，重新安装，对烧伤严重者应予以更换。

技能要求

接触轨轨面不均匀磨损的故障分析及调整

操作要求

对如下故障进行判定并处理：

1. 集电靴滑行面与接触轨工作面未对准。

2. 接触轨拉出值出现偏差。

3. 安装接触轨的地基出现沉降现象。

操作步骤

步骤1 参照走行轨检查接触轨的接触面。接触轨的中心与最近的走行轨的内侧的水平距离应为（1 550 ±5）mm，垂直距离为（200 ±5）mm。用专用三轨测量尺调整相关的支架与钢轨面的参数。

步骤2 如果接触轨和受电靴的角度不同，将会导致有效接触面减小，局部发生过热现象，并可能产生严重的电磨，松开卡爪螺栓，调整接触轨的角度。

步骤3 检查支架表面，如果有损伤应及更换。

步骤4 检查支架的紧固件是否松动，如果有松动按照接触轨检修标准重新调整和紧固螺栓。

步骤5 接触轨调整结束后复测接触轨的高度和拉出值。

步骤6 工作结束后由工作负责人对人员、工器具及材料进行清点。

质量标准

1. 接触轨竖直方向中轴线应垂直于其所在处的轨道平面，垂直距离为200 mm，允许偏差为 ±5 mm，接触轨中心线距轨道中心的水平距离为1 550 mm，允许偏差为 ±5 mm。

2. 接触轨钢带的连接应平滑顺畅、无阶梯，其不平顺度要控制在0.25 mm范围之内，复合轨的连接缝隙应密贴，间隙小于2 mm。

3. 接触轨检修时严禁硬拉、硬扯或敲击整体绝缘支架。

4. 正线接触轨受流面在两相邻绝缘支架处相对高差不得大于2.5 mm，困难条件下不大于5 mm。

5. 连接螺栓紧固力矩应满足设计要求及厂家使用说明书，螺栓紧固力矩的现行国家标准见表3—11。

6. 各镀锌螺栓无变形，镀锌层和螺纹完好。

表3—11 螺栓紧固力矩的现行国家标准

螺栓直径（mm）	8	10	12	14	16	18	20	22	24
紧固力矩（N·m）	13	25	44	70	70	85	130	180	230

3.4　正式验收检查项目

知识要求

3.4.1　冷滑要求

1. 冷滑试验程序前的全面检查

冷滑前的验收应在接触悬挂调整完毕后，接收部门组织人员进行全面检查，应逐杆、逐锚段沿线路观测。

检查人员应备接触网平面图、记录本、车梯、导高及拉出值检测工具，应对检查结果及存在问题和缺陷做详细的记录，并提出处理意见。

全面检查的项目及技术要求主要包括以下内容：

（1）接触网设备、部件安装符合设计图纸（包括变更设计）要求。

（2）各种绝缘间隙符合设计要求。

（3）线索安装符合设计要求。

（4）支持装置、定位装置的安装符合设计要求。

（5）限界门及各种标志符合设计要求。

（6）验收程序。

1）检验批应由施工单位自检合格后报监理单位，由专业监理工程师组织监理员、施工单位专职质量检查员等进行验收。检验批质量验收记录按规定表格由相关人员填写记录并按规定签认。

2）分项工程由专业监理工程师组织施工单位工程技术负责人、施工单位专职质量检查员等进行验收，按规定表格填写记录并签认。

3）分部工程应由总监理工程师（或副总监理工程师）组织施工单位本标段项目负责人和技术、质量负责人等进行验收，按规定表格填写记录并签认。

4）工程完工后，施工单位应自行组织有关人员进行检查评定，向建设单位提交单位工程验收报告。由建设单位组织施工、设计、监理单位项目负责人进行单位工程验收，按规定表格填写记录并签认。

2. 冷滑试验检查安全及注意事项

冷滑试验是在接触网全面检查合格后，在接触网不受电的情况下，对接触网进行的动态试验检查，即通过电力机车受电弓的正常运行状态以及应用受电弓动态包络线检查尺或检测车，检验接触网的机械适应性能否满足运行需要。主要以检查尺或检测车测量参数和目测为主，检查项目如下：

（1）对影响安全运行的路内、外电力线路，建筑物及树木进行全面检查，使它们符合下列规定。

1）电力线路跨越接触网时，距接触网的垂直距离应符合规定。

2）跨越接触网的立交桥及构筑物防护栅网的安装应符合设计要求，安装牢固，接地良好。

3）接触网距树木的最小水平距离不应小于3.5 m，最小垂直距离不应小于3.0 m。

（2）对接触网进行全面检测，使其符合下列规定。

1）受电弓动态包络线检查尺应按照设计给定的电力机车受电弓动态最大抬升量和最大摆动量对接触网进行检测。$v \leqslant 120$ km/h 时，最大抬升量为100 mm，左右最大摆动量为200 mm；120 km/h$\leqslant v \leqslant$160 km/h 时，最大抬升量为120 mm，左右最大摆动量为250 mm。支持装置及定位装置任何部位均应在受电弓动态包络线范围以外。

2）导线拉出值是否符合设计，拉出值最大不应超过200 mm，接触线线面正确，无扭面、弯曲、碰弓、脱弓现象。常速冷滑无不允许的硬点。

3）受电弓在正常情况下距接地体瞬时间隙不应小于200 mm，困难情况下不应小于160 mm。

4）吊弦线夹、定位线夹、接触线接头线夹、中心锚结线夹、电连接线夹、分段绝缘器等无碰弓现象和不允许的硬点以及无偏磨。

5）定位管、定位器坡度是否符合要求。

6）线岔处受电弓过渡是否平稳，有无脱弓或刮弓、钻弓危险。

7）观察导体高度变化是否平稳，有无突变和跳动，有无不符合规定的高度。

3. 冷滑试验方法及程序

（1）试验方法。采用接触网检测车主要是通过测量参数和测量图形来分析，采用人工观测方法重点观察接触网走向、终端线岔、锚段关节、导线接头、特殊定位、分段绝缘器等关键部位的异常情况。

作业台上主要观察导线拉出值、各种线夹安装是否正确，导线面是否正直，有无不允许的硬点或打弓现象，观察受电弓带电体的距离。

（2）冷滑程序

1）组织冷滑列车进行第一次低速冷滑试验，速变规定如下：

①直线区段≤25 km/h。

②曲线区段≤15 km/h。

③隧道内≤10 km/h。

④道岔区或重点区≤5 km/h。

2）冷滑顺序一般可先区间后站场，先正线后侧线。

3）对低速冷滑中发现的问题或缺陷进行处理。

4）第二次按列车正常运行速度进行常速冷滑试验。

5）处理常速冷滑试验中发现的问题或缺陷。

6）第三次按设计规定速度冷滑（不能超过线路实际允许速度）。

7）处理第三次试验中发现的问题和缺陷。

3.4.2 送电开通

在冷滑试验完毕后，对接触网送电，使其投入运行状态称为开通。

1. 送电开通要求

送电开通：充分准备、集中领导、统一指挥、编制方案。

送电前工作包含以下内容：

（1）送电前应全面检查线网质量，确认项目质量符合设计要求，不存在影响送电安全因素时方可申请送电。

（2）送电前需检查的主要项目是冷滑试验报告、安全距离、各类线的正确性、绝缘件、交叉及平行线路干扰。

（3）送电前需清洗绝缘子、准备送电工具、准备抢修机具。

送电开通程序由指挥小组按照送电开通方案，通过电力调度命令（以命令票方式）下达执行。

2. 开通程序

（1）编写送电开通方案。

（2）由送电开通指挥小组按照送电开通方案，通过电力调度命令下达执行。

（3）各组检查小组在送电开通区域检查线路情况，无异常现象后报指挥小组。

（4）由指挥小组向电力调度申请绝缘测试。

（5）测试小组完成绝缘测试后将结果报调度。

（6）由电力调度下达各供电线隔离闸刀合闸的命令。

（7）巡逻小组全线检查线路，发现异常情况及时报告。

（8）送电开通成功。

接触网开通送电前应用 2 500 V 兆欧表进行绝缘测试，绝缘测试及线路导通的工艺流程图如图 3—55 所示。

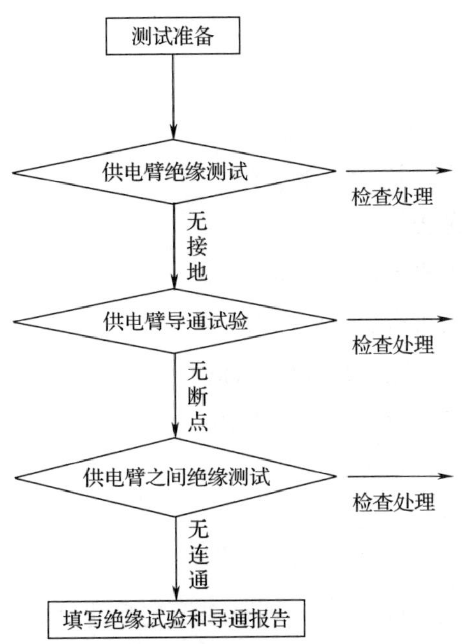

图 3—55　绝缘测试及线路导通的工艺流程图

3.4.3　竣工流程

1．竣工验收

（1）竣工验收依据。批准的设计文件，规程、规范和验收标准，上级领导机构下达的有关文件、决议、会议纪要以及作业单位与建设单位签订的协议等。

（2）竣工验收交接程序。竣工验收交接程序包括项目检查、现场初验、正式验收。

1）项目检查内容：项目是否按批准的设计文件作业并符合质量标准，是否能保证行车和生产安全，相互配合的有关专业工作是否同步建成，是否具备送电开通条件。

2）接触网现场初验检查的重点项目：供电范围及接触网平面布置与设计文件是否一致，支柱侧面限界是否符合设计要求，导线接头质量是否符合标准，线岔位置及状态是否符合标准，电连接线等的连接是否正确可靠，导高是否符合设计要求，各空气绝缘间隙是否符合设计要求，各主要设备、器材的质量是否符合国标、部标，锚段关节、分段绝缘器的安装调试是否符合设计要求，隔离闸刀、避雷器等电气设备的试验报告及安装记录是否齐全，冷滑试验记录报告。

3）正式验收：验收委员会接各专业验收小组的初验报告后，组织对项目进行复验，解决初验中未解决的问题，决定送电开通方案及开通日期，决定全线电气化项目总验收交接日期。

（3）重点检查项目

1）支柱侧面限界是否符合设计要求。

2）导线接头数量和质量是否符合标准。

3）线岔位置和状态是否符合标准。

4）导高和拉出值是否符合设计标准。

5）绝缘距离和间隙是否符合设计标准。

6）主要设备材料的质量是否符合行业标准。

7）设备的安装和调试是否符合设计要求。

8）电气设备的试验报告是否齐全。

9）自检报告和缺陷的整改是否完善。

2．编制竣工文件

竣工文件是由作业单位编制的反映项目建设实际情况的一整套技术资料，是接管单位掌握项目实际情况、实施运营维护的主要依据。

（1）竣工文件。设计文件及变更设计文件各一份、竣工文件、项目作业记录、主要器材的技术证书、接触网平面布置图、接触网供电分段示意图、接触网安装图、接触网主要项目数量统计表。

（2）项目作业记录。钢柱基础隐蔽项目记录，支柱埋设隐蔽项目记录，接地装置埋设隐蔽项目记录，绝缘子、分段绝缘器、隔离闸刀试验记录，钢筋混凝土柱、钢柱、接触线、承力索、附加悬挂导线、绝缘子、分段绝缘器、隔离闸刀、避雷器等主要器材的技术证书。

3．项目总结

项目竣工验收交接后对该项目进行全面系统的项目总结，认真整理分析作业资料，以便吸取作业中的经验教训，提高作业技术和企业管理水平。

接触网项目总结编制的主要内容如下：

（1）项目概况。

（2）作业经过。

(3) 项目概算、预算总额和实际完成情况。

(4) 主要项目竣工数量。

(5) 劳动力运用情况。

(6) 作业机械化情况。

(7) 新技术、新工艺的采用和推广情况。

(8) 作业中发生的主要问题以及解决措施。

(9) 主要作业经验和教训。

(10) 项目质量评价。

3.5 直流牵引供电设备

知识要求

3.5.1 牵引供电

1. 牵引供电设备

每座牵引变电站有两套整流机组，直流母线为单母线结线形式，两套整流机组可以并列向同一直流母线供电。

2. 牵引供电系统

将电能传送给电动列车的电力装置称为牵引供电系统。城市轨道交通电动列车供电大都采用直流电，通常有直流 750 V、直流 1 500 V 等供电电压。由于是轨道交通，钢轨除了作为走行轨外，还兼作直流供电系统的负极，而直流供电的正极通常采用第三轨或接触网供电两种形式。从牵引供电系统的组成看，接触网是实现向电动列车供电的重要环节，是直接影响电动列车安全运行的重要环节。因此，必须使接触网始终处于良好的工作状态，安全可靠地向电动列车供电。

3. 牵引供电回路的组成

牵引供电回路是牵引变电站—馈电线—接触网—电动列车—钢轨回路—牵引变电站等组成的闭合回路。在轨道交通中，钢轨除了作为走行轨外，还兼作直流供电系统的负极回流。

4. 整流机组的组成

整流机组是牵引变电所的重要设备，它包括整流变压器开关、整流变压器、整流器、正负极闸刀。每座牵引变电所中设置两套整流机组，通过整流机组获得机车获得牵引所需的直流电压。直流母线为单母线结线形式，两套整流机组可以并列向同一直流母线供电。每座牵引变电站都有四路直流 1 500 V 的出线（其中车辆段一般为五路）。每路出线都通过直流高速开关，经接触网隔离闸刀，将直流电能送上接触网。

为了获得大功率的整流直流电，减少谐波分量，减小工程占地面积，一般采用 12 脉波整流或 24 脉波整流机组，整流变压器采用带双低压输出的轴向分裂四线圈整流变压器，整流机组采用大功率的螺旋式或平板式整流二极管。在 12 脉波整流系统中，使整流变压器二次侧输出相差 30°角，整流机组由两个三相 6 脉冲全波整流桥组成，其中一个整流桥接至整流变压器二次侧 Y 形绕组，另一个整流桥接至整流变压器二次侧△形绕组，两个整流桥并联连接构成 12 脉波整流。为了获得等效 24 脉波的整流电压，在 24 脉波整流系统中，使两台整流变压器的二次侧输出之间移相 15°角，一般在整流变压器的高压侧采用延边三角形移相获得，一台整流变压器移相 +7.5°角，而另一个则移相 -7.5°角，各自的两个整流桥并联连接构成 12 脉波整流，在牵引变电所内的两套整流机组并联运行构成等效 24 脉波整流。

（1）整流变压器。每座牵引变电站都有两台整流变压器，一般采用环氧树脂浇制工艺制成的干式变压器。保护方式主要采用过流保护和温度保护。电压调整方法主要采用五挡分接头无载调压方式。

（2）整流器。整流器是将交流电能转换成直流电能的重要设备。由于城市轨道交通牵引负载是较为典型的冲击负载，整流器具有一定的过载能力，100% 负载长期运行；150% 负载 2 h 运行；200% 负载 1 min 运行。

整流器的主要元件是硅整流二极管加快速熔断器保护，其中硅整流二极管是实现电能形式转换的主要元件。整流器中采用了平板式大功率整流二极管，整流器柜为独立式金属柜。

整流器柜中整流二极管的个数根据设计容量而定。一般需考虑选用合适的二极管并考虑整流器母排的电阻，使整流器每一臂并联二极管的电流不平衡度能满足当任一臂并联的二极管有一个损坏时，仍能保证整流器的过负荷要求和承受短路电流的要求，即仍能正常运行。

3.5.2 牵引供电保护

1. 直流牵引供电的保护和自动装置

直流馈线柜有大电流脱扣保护、电流上升率（di/dt）及电流增量（ΔI）保护、接触网过负荷保护、双边联跳保护、自动重合闸功能和逆流保护。负极柜仅有框架保护。

(1) 大电流脱扣保护。大电流脱扣保护是高速直流断路器自带的一种保护类型，由开关生产厂家提供，它采用了电磁脱扣原理，主要用于快速切除近端金属短路故障(此时故障电流非常大，一般超过10 000 A)。

(2) 接触网过负荷保护。若设备长期处在过负荷运行情况下会导致直流馈出电缆，特别是架空接触网发热甚至瘫痪，发生此类故障时应切除过载运行线路，待恢复冷却后再投入运行。其工作原理是保护单元连续测量馈线电流，同时根据接触网的电阻率、电阻率修整系数、长度、横截面面积、电流，计算出接触网温度，如果该温度超过设定值，保护单元发出跳闸信号分开馈线断路器，待一段时间冷却后开关才能重新合闸。不过这种计算方法比较复杂，在实际应用中一般采用反时限过负荷保护的方法，即电流过载倍数越大，允许持续的时间越短。

2. 整流器组的保护

整流器的保护有过电压保护、过电流保护和温度保护。

(1) 过电压保护。过电压保护包括二极管换相过电压保护，交侧过电压保护，直流侧过电压保护。二极管换相过电压保护由并联在二极管两端的RC电路组成，用于抑制换相过电压。交流侧过电压保护由交流侧的氧化锌压敏电阻实现，防止交流侧开关操作或变压器感应产生的过电压，将过电压抑制在3 000 V以下。在直流侧加装RC过电压抑制回路和放电回路。防止直流快速断路器开合时产生操作过电压损坏二极管，并在整流器输出端并联一个压敏电阻，抑制残余的过电压。

(2) 过电流保护。每个整流二极管串联一个快速熔断器，当二极管失去单向性能时产生变压器二相短路，回路中将产生短路电流，此时应由二极管熔丝熔断来保护。

(3) 温度保护。在整流器预测温度最高的元件散热器或铜母排上设置温度传感器元件，用于监视元件散热器或铜母排的温度，并由温度继电器发出信号。

大容量高电压的整流设备对二极管都有特殊的要求。遇到整流电压较高，二极管的反向耐压无法承受时，采用二极管的串接方法连接，提高承受反向电压的能力，要求串接的二极管的反向电压平均分配。遇到电流较大的情况，采用二极管的并联连接，以提高整流器的负载能力，要求并联的二极管的通态电流应平均分配。地铁牵引采用的整流器是用二极管并联的方法来提高负载能力，对于二极管要求其峰值电流压降应相同，以保证二极管并列时的电流分配尽可能相同。

3. 电流上升变化 di/dt 和电流增量 ΔI 保护

电流上升变化 di/dt，电流增量 ΔI 两种保护，采用电子式继电器保护。具有反应灵敏的特性，配以电容式脱扣器大大缩短了跳闸时间。电流增量继电器由电源、比较、放大、驱动发信四大部分组成。正常工作时，电源指示灯亮的同时给出装置工作正常信号，di/dt、ΔI 动作都配有计数器，对动作次数进行计数，动作跳闸后的红色指示灯分别会亮。开关自动重合闸后对继电器进行复位，红灯熄灭，但计数器不能复位。

电流上升率（di/dt）及电流增量（ΔI）保护：由于存在列车启动电流，流经馈线断路器的瞬时负荷电流大，如果采用普通的过电流保护，会造成保护误动作，影响列车的正常运行。因此，在城市轨道交通供电系统中普遍采用电流上升率保护（di/dt）及电流增量（ΔI）保护。列车正常的启动电流与故障短路电流在电流变化量上有比较明显的区别，假设列车的最大工作电流为 2 kA，列车启动时电流从零增长到最大电流值需要 8 s，则启动电流上升率仅为 0.25 kA/s。而故障电流的上升率可达到列车启动电流的几十甚至几百倍。电流上升率（di/dt）及电流增量（ΔI）保护就是根据故障电流和正常工作电流在变化率这一特征上的不同来实现保护功能的。

在实际运用中，电流上升率（di/dt）及电流增量（ΔI）保护是通过相互配合来实现保护功能的，而且这两种保护的启动条件通常都是同一个预设的电流上升率值。在启动后，两种保护进入各自的延时阶段互不影响，哪个保护先达到动作条件就由它来动作。一般情况下，di/dt 保护主要针对中远距离的非金属性短路故障，ΔI 主要针对中近距离的非金属性短路故障。

在直流牵引供电系统中，由于采用直流供电制，因此在交流供电制中采用的电流互感器、电压互感器等测量元件均不能采用，一般形式为在快速断路器与负荷之间设置一个分流器，电流流过分流器时产生一个小电压，该电压经过隔离放大器的隔离、放大转换成标准信号送给保护单元，由保护单元进行计算并发出跳闸信号。

（1）电流上升率（di/dt）保护的定义。在运行中，保护单元不断检测电流上升率，当电流上升率高于保护设定的电流上升时，di/dt 保护启动，进入延时阶段。若在延时阶段电流上升率回到保护设定值之下，那么保护返回。

（2）电流增量（ΔI）保护的定义。在 di/dt 保护启动的同时 ΔI 保护也启动并进入保护延时阶段，保护单元开始计算电流增量。若电流上升率一直维持在 di/dt 保护整定值之上，且电流增量在 ΔI 保护的延时后达到或超过保护整定值，则保护动作。

在计算电流增量的过程中允许电流上升率在相对较短的时间内回落到 di/dt 保护整定值之下，只要这段时间不超过 di/dt 返回延时整定值，则保护不返回，反之保护返回。

（3）电流上升率（di/dt）及电流增量（ΔI）保护的整定原则。在采用双边供电方式的供电系统中，电流上升率（di/dt）及电流增量（ΔI）保护的整定应遵循以下原则：

1）由于 di/dt 和 ΔI 保护主要用于切除中、远距离故障，因此整定值不应取太大，以获得较大的保护。

2）di/dt 的延时整定应取较大值，以躲过保护区域之外发生故障时的故障电流，例如越区故障。

3）ΔI 的整定值应足够大，以躲过列车启动电流。列车经过接触网分段绝缘器时的冲击电流和接触网滤波器充电电流主要利用保护的延时实现。

4）供电系统设计时考虑的情况与实际情况往往有一定差距，di/dt 及 ΔI 保护的整定值除了理论计算外，必须经过相应的现场短路试验来最终确定，并且在投入运行后不断总结修整。

4．自动重合闸

（1）牵引供电系统故障。牵引供电系统故障可分为以下两类故障：

1）瞬时性故障。在接触网线路被继电保护迅速断开后，电弧即熄灭，故障点的绝缘强度重新恢复，此时，如果把断开的线路断路器再合上，就能恢复正常的供电，因此称这类故障为“瞬时性故障”。常见的瞬时性故障有列车逆变器故障，过电压引起的绝缘子表面闪络或避雷器放电等。

2）永久性故障。在线路被断开后，故障仍然存在，这时即使再次合上电源，由于故障仍然存在，线路还要被继电保护再次断开，因而不能恢复正常的供电。此类故障称为“永久性故障”。

在直流馈线断路器柜中设置了自动重合闸功能，通过线路测试回路，计算线路残余电阻来判别故障性质，决定是否进行自动重合闸。

（2）自动重合闸原则。正常操作断路器合闸时，对线路进行多次测试（一般设定为3次），通过电流和电压的测量，计算线路残余电阻。线路正常则允许合闸，若线路存在持续性故障，则闭锁合闸。

当接触网发生故障时，断路器分闸，启动线路测试，并根据测试结果判别故障性质，若故障是瞬时性的，自动重合闸将使断路器重新合闸；若故障是永久性的，直流断路器不进行重合闸。框架保护不启动线路测试及重合闸。

（3）重合闸过程。直流馈线断路器的自动重合闸动作过程是通过控制单元内部程序来控制的。断路器跳闸后，在符合自动重合闸条件的前提下，进入自动重合闸程序。重合闸程序设置重合闸总时间，约为85 s，在总时间内根据线路绝缘检测情况进行若干次自动重合闸。

1）第一次重合闸前设置基本等待时间，约为 5 s，主要考虑绝缘恢复时间及断路器触头冷却时间等因素。在等待时间结束后，进行 2 ~ 5 s 的线路绝缘检测，考虑到列车负载阻抗，当线路对钢轨电阻大于 1 Ω 时，判断为接触网无金属性短路故障。等待 3 s 后将断路器自动合上。在经过一段时间的等待后，断路器如果仍未跳闸，则控制单元判断为重合闸成功，退出重合闸程序。

2）当绝缘检测不成功或断路器合闸后在短时间内再次跳闸，则控制单元判断为重合闸不成功，进入下一重合闸循环。等待 15 s 后重新进行绝缘检测。

3）当绝缘检测回路故障或断路器合于非金属短路点时，经过 4 ~ 5 次重合闸尝试仍无法取得成功，并且已经达到重合闸总时间（85 s），控制单元判断接触网存在永久性故障，退出重合闸程序，并将断路器操作闭锁。

5. 牵引变电站的框架保护

直流供电系统采用不接地系统，钢轨作为直流系统的负极与大地之间有绝缘衬垫，变电站内的直流设备的框架与大地之间也用绝缘衬垫隔离，集中一点接地便于监视。

直流设备一旦绝缘水平下降发生直流接地，由于直流电流的连续性，会引起持续燃弧烧损设备，采取框架保护就可以变多点接地为一点接地，集中加以监视控制，以保证站内值班人员的人身安全，框架保护有电流型、电压型两种。电流型通过分流器采集信号，电压型则由接于直流负极与大地之间的电阻器或变换器采集电压值。框架保护配用的 PLC 对采样值进行时时检测监视，无论到达哪种动作值，在发出信号的同时驱动框架保护动作继电器，将框架保护跳闸电压加到电压小母线上，与框架保护有关联的开关柜中配置的框架保护继电器得电吸合动作，直流开关内一继电器吸合，其常闭接点串联于电压线圈回路中，使电压线圈因失电而带动开关跳闸机构而跳闸。

框架保护动作不仅跳本站的 33 kV 整流变开关、直流高速开关，而且通过联跳装置跳相邻站双边供电同一供电线路上的直流开关，并将这些开关闭锁，取消直流开关的自动重合闸功能，以保证故障得到隔离。发生框架保护动作跳闸，在双边供电联跳功能投用的情况下，会导致故障站供电的四个区段停电，为此要求值班人员应迅速准确地查出故障点，隔离故障后恢复供电，至少使单边供电以保证电动列车运行。

为了防止直流牵引供电设备内部绝缘降低时造成人身危险，每个牵引降压变电所内设置了一套直流系统框架泄漏保护装置。该保护装置包含反映直流泄漏电流的过电流保护和反映接触电压的过电压保护，而过电压保护还与车站的钢轨电位限制装置相配合，作为钢轨电位限制装置的后备保护。框架泄漏保护由一个电流元件和一个电压元件组成，电压元件可当地投入/切除，并可分别整定为报警和跳闸两段。框架保护动作跳闸后，将闭锁本牵引变电所断路器合闸，当地复归框架保护后，断路器才能合闸。

框架保护动作后，除了本牵引变电所的直流牵引系统全部跳闸，与该站相邻牵引变电所向同一供电区供电的直流馈线断路器也会跳闸。框架保护动作后该变电所供电的4个供电区内接触网都停电，虽然能保证人身及设备安全，但是将中断列车的正常运行，影响范围很大。在采用了列车走行钢轨作为牵引回流媒介的直流牵引系统中，钢轨对大地肯定有一定的电压，因此框架电压保护与轨电位限制装置之间的配合要良好，在轨电位限制装置正常动作前电压型框架保护不应该动作，以防止扩大事故范围，要求做到既能保证人身设备安全，又能确保地铁列车正常运行。

3.5.3 钢轨电位限制装置

1. 钢轨上的电位

钢轨电位限制装置的作用是将钢轨电位限制在一个安全的范围之内，以保护乘客和工作人员的人身安全。因为除了停车场钢轨以外，正线钢轨与大地是绝缘的，直流牵引电流和短路电流在钢轨上易形成纵向电压降，所以钢轨对地有一个电位差。随着列车的各种工况的转变、列车载荷的变化、触网电压的变化等，钢轨电位也会发生变化，有时还会很高，当超过人身安全保护值（90 V左右）时，钢轨电位限制装置就将钢轨与大地短接，从而保证乘客与工作人员的人身安全。为了防止或者至少中和杂散电流的腐蚀，没有对地绝缘的导电金属零件不能直接连接到走行轨上。

2. 钢轨电位限制装置的构成

钢轨电位限制装置（见图3—56）主要包含下列功能元件。

（1）复用开关，由晶闸管元件和直流接触器组成。

（2）多级电压测量元件。

（3）控制及测试逻辑模块LOGO。

3. 钢轨电位限制装置的电气控制原理

电压大于或等于U >模块，主要由－F21继电器构成；电压大于或等于U >>模块，主要由－F22继电器构成；电压大于或等于U >>>模块，主要由电子制动器继电器构成。

如果走行钢轨与等电位母线间的电压值小于三种电压监测系统的整定跳闸值，在这种情况下，复用开关是开断的，也即主触头开断。

如果测得的电压大于或等于 U > 的阈值，这意味着电压测量元件 – F21 落下，该装置将会经过一段延时后合闸。这是因为钢轨电压一直是处于波动状态中的，经常有短暂时间超过 U > 的阈值，如果每一次超过都合闸，那么钢轨电位限制装置的动作次数太频繁了。可调整的延时确保了在短期的允许的电压最大值下不会发生不必要的短路。10 s 之后，复用开关再次自动断开，也即钢轨电位限制装置再次断开。如果当时的电压值小于 U > 的阈值，则钢轨电位限制装置经过一段可调整的延时后再次进入正常状态。如果电压值又变得很高，将再次发生短路。此过程一直持续到电压又保持在许可范围内，若在短时间内短路次数达到预定数字（调整范围从 1…n），短路装置即会闭锁。当闭锁时，需要按带灯按钮 – S31 将其手动复归。

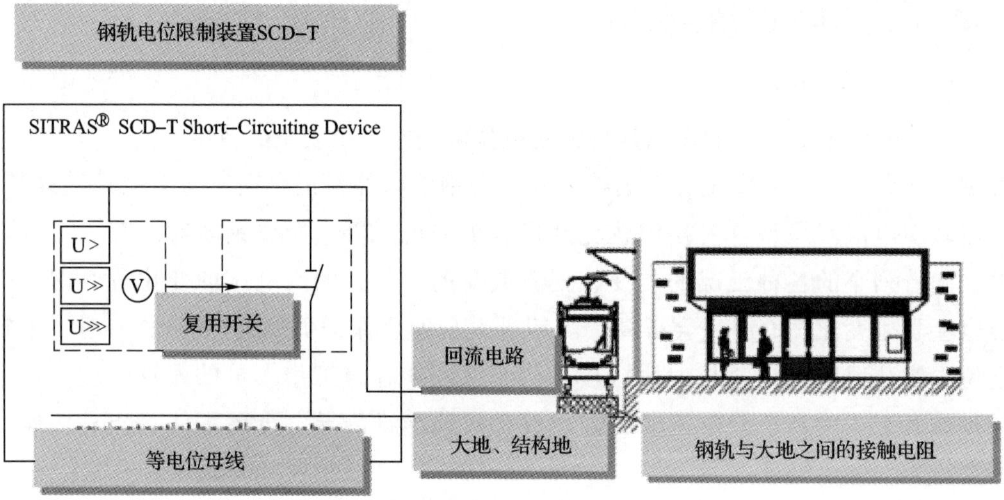

图 3—56　钢轨电位限制装置

如果测得电压大于或等于 U >> 的阈值，这意味着电压测量元件 – F22 落下，该装置将无延时合闸，也即在 100 ms 之内合闸。推荐值已预先调整好，可从“预置表”中获得。合闸状态继续保持，不会复归。当闭锁时，需要按带灯按钮 – S31 将其手动复归。

如果测得电压超过 U >>> 的阈值，则晶闸管元件 – V20（在使用时）导通，F23 动作，复用开关无延时合闸，而闭锁状态继续保持。由于采用晶闸管短路器，当电压大于（600 ± 50）V 时，短路速度将有更显著的提高。

4．钢轨电位限制装置的故障

直流接触器一、二次回路故障发生时，控制器将故障信号输出同时闭锁合闸，需按复位按钮将其手动复归。若直流接触器因故障而不能闭合，在电压大于(600 ± 50) V 时，此功能由晶闸管元件执行。

3.5.4 牵引供电回流装置

1. 回流线和回流箱的作用

负回流电缆与走行轨焊接后引至回流电缆转换箱，然后用截面为400 mm^2的直流铜芯软电缆引至牵引变电所负母线。牵引回流系统由走行轨、负回流电缆、均流电缆和单向导通装置等构成。列车回流电流进入走行轨后将通过负回流电缆流回至牵引变电所负母线。

2. 回流线和回流箱的安装地点

回流电流是通过回流电缆、均流电缆流到回流箱，然后再通过回流电缆流回到牵引站负母线，最后到达整流器的负端。均流电缆是在上、下行走轨间，设置均流电缆，使上、下行走轨间的回流电流得到均衡。均流电流引入线分别接于上、下行走轨外侧并引至均流箱，然后用截面为400 mm^2的直流铜芯软电缆引至变电所内的钢轨电位限制装置。

3. 单向导通装置的作用

城轨供电系统的钢轨不但起到列车导轨的作用，同时还是牵引电流回流的通路，通过钢轨使回流电流回到牵引变电所的负极。在回流电流沿钢轨的传输过程中，由于钢轨与地之间有泄漏电阻，总有少部分牵引电流负回流泄漏至地下，因此在车场、车辆段、隧道、高架桥等特殊地段的轨道上需设置绝缘接头，其目的是为了尽量减少杂散电流并缩小杂散电流影响的范围，从而减小杂散电流对结构钢筋的腐蚀。在采用绝缘接头的钢轨部位有机车运行时，为了保证回流电流的正常流动，必须采用单向导通装置，将其接于城轨轨道设置的绝缘结处，用于连接绝缘接头两端的钢轨，使钢轨中的电流只流通一个方向而在另一个方向截止，可以有效地防止钢轨电流因部分钢轨绝缘水平较差而增加整个城轨杂散电流泄漏的数量。

4. 单向导通装置的结构和原理

下面以 DDZ－1 型单向导通装置为例进行介绍。

单向导通装置的箱体主体由主体部分和防雨帽两部分焊接而成，外壁由不锈钢板焊接并内接保温材料而成，能有效阻止外界冷暖空气的影响。箱体底部的电缆进线孔同时又是进风孔，它与防雨帽下部的排风口形成一个空气通道，可以将电缆沟中的冷气吸入箱体的同时将箱体内由于导体发热产生的热空气排出箱外，使箱体内的温度保持在一定范围内。

主回路由八个二极管并联组成，在二极管两端并联一台额定电压 1 500 V、额定电流 3 000 A 的直流隔离闸刀。在每个二极管支路均串有一个带辅助接点的快速熔断器和一个分流器，它们与二次仪表室中的信号装置共同组成了信号采集、分析和输出系统。快速熔断器与并联在每个二极管两端的压敏电阻、RC 回路组成了保护系统。

在正常运行情况下隔离闸刀处于分闸位置，电流通过二极管流通。如果单向导通装置各支路工作均正常，信号采集装置采集到的是正常工作信号；如果出现了短路或其他的异常信号情况，会使快速熔断器或二极管受到损坏，这时信号采集装置采集到的是故障信号，信号装置将根据实际情况发出短路或断路故障信号。

信号装置是单向导通装置的重要元件，同时检测八个支路的运行情况。当一个支路或几个支路发生故障时，该仪器发出信号，并将信号保持到人为复位时为止。仪器内部采用微处理控制，具有设计先进、检测分辨率高、测试稳定、抗干扰能力强及操作简便等特点。

放电间隙装置是单向导通装置的选用元件，有放电间隙和旁路开关两部分组成。放电间隙由上下电极、磁吹线圈和铁芯组成，它们结实地组装在支持绝缘子上面；旁路开关由动静触头和操作电磁铁组成，它们安装在一块环氧玻璃布板上。放电间隙装置原理接线如图 3—57 所示，结构如图 3—58 所示。

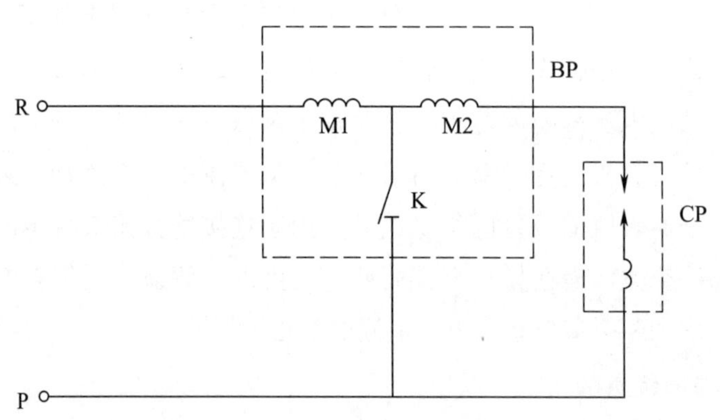

其中：

R、P：主接线	M2与M1：旁路开关合闸用线圈
CP：放电间隙	BP：旁路开关
K：旁路开关的主触头	M1：旁路开关保持线圈

图 3—57　放电间隙原理接线图

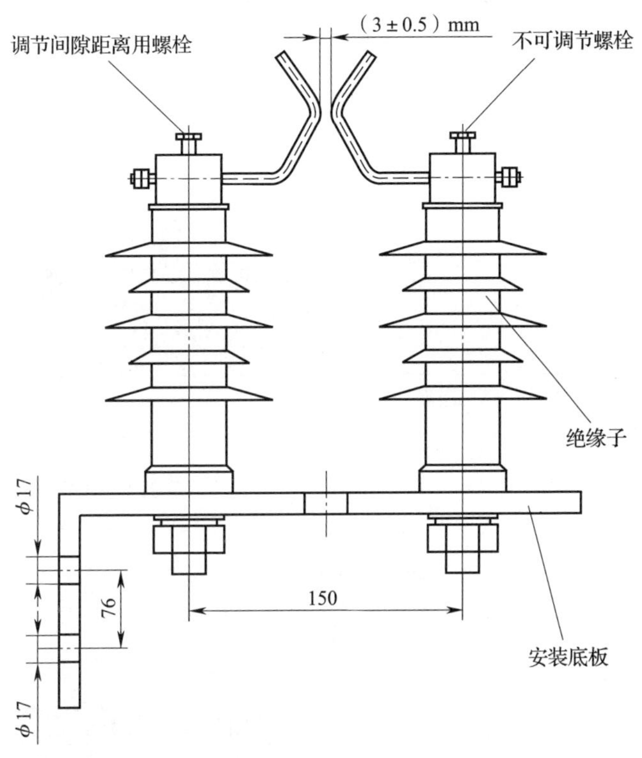

图 3—58　放电间隙结构示意图

放电间隙动作原理：当机车进行再生制动时，绝缘结两端钢轨电压升高到一定值(1 000 V)，放电间隙击穿，放电回路 R－M1－M2－CP－P 内有电流过，钢轨电压降低以避免人身事故发生。当回路 R－M1－M2－CP－P 电流值达到 200 A 时，由于 M1＋M2 的作用使旁路开关闭合，旁路开关合上后 R－M1－K－P 回路接通，将放电间隙短路，由 M1 保持旁路开关的闭合。在 M1 中流过的电流减小到 50 A 以下时，由于其产生的电磁力不足以保持旁路开关闭合，旁路开关打开。

3.5.5　供电系统的杂散电流

1. 杂散电流的形成

在直流牵引供电系统中，接触网与牵引变电站的正极连接，走行轨兼作负回流线与牵引变电站的负极连接。在城轨运营时，走行轨中流过电流，在走行轨自身电阻上形成对地的一个电位分布，使走行轨中的一部分电流通过过渡电阻（走行轨与排流网之间的过渡电阻和排流网与主体结构钢筋的过渡电阻，见图 3—59、图 3—60、

图 3—61）,向道床、主体结构钢筋泄漏，并在一定的地方流回走行轨和牵引变电站的负极。泄漏到道床及主体结构钢筋的电流就叫作杂散电流，又称迷流。

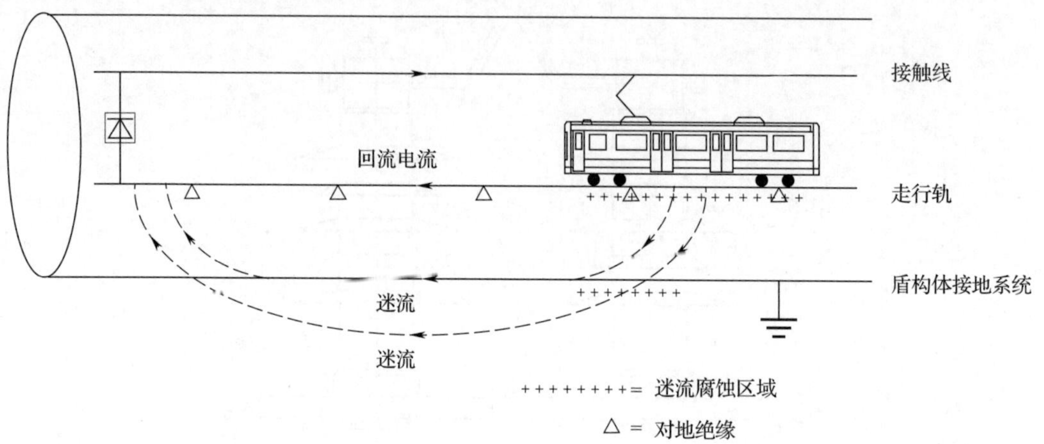

图 3—59 直流牵引系统的回流示意图（隧道）

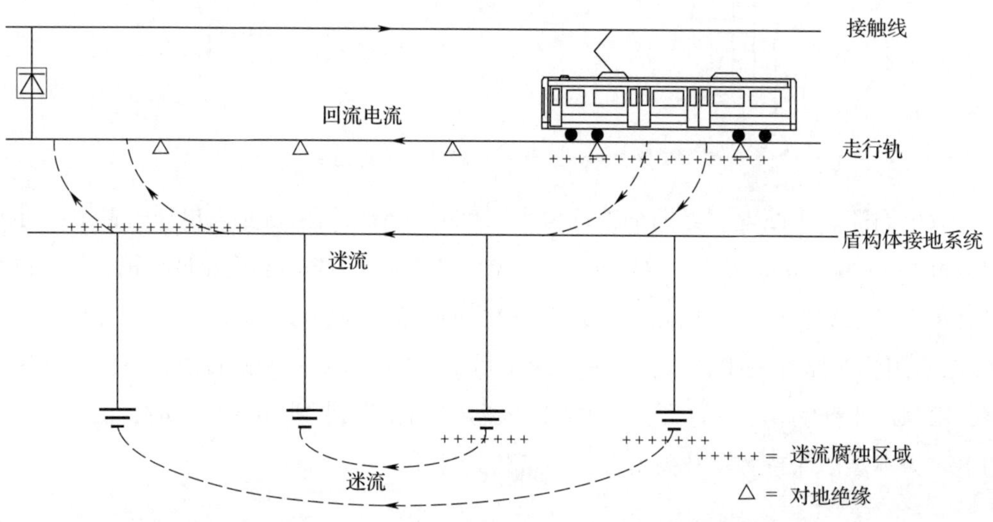

图 3—60 直流牵引系统的回流示意图（高架）

2. 杂散电流的影响和危害

杂散电流在流出主体结构钢筋和其他金属管线处会产生电化学腐蚀，尤其城轨运行很多年后，走行轨与道床之间的绝缘扣件老化或者外表沾污，使走行轨与排流网之间的过渡电阻变小，则杂散电流增大，日积月累，造成比较严重的腐蚀。轨道交通本身和附近的金属管道、各种地下电缆或金属结构件在长期的电腐蚀作用下将受到严重的损坏。

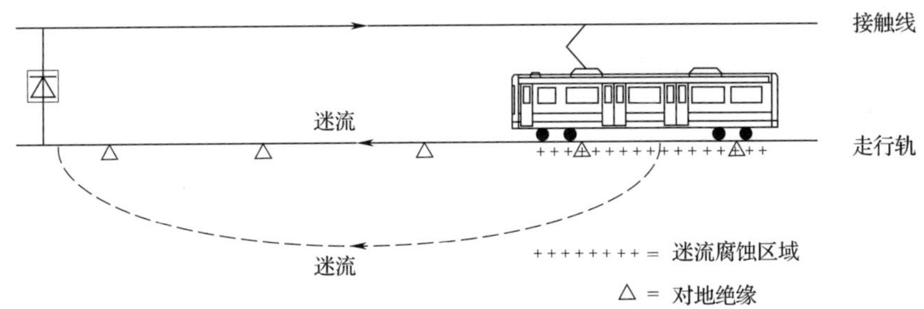

图 3—61 直流牵引系统的回流示意图（地面）

若地下杂散电流流入电气接地装置又将引起过高的接地电位，使某些设备无法正常工作。由此可知，地下杂散电流及其影响是需要重视的专门问题。

3. 杂散电流腐蚀的基本原理

当电动列车所在处附近的杂散电流从走行轨流向金属体时，使金属体对地电位形成阴极区。在变电所附近，杂散电流从金屑体流回走行轨和变电所，金属体对地电位形成阳极区。在阳极区，杂散电流从金属体流出的地方将出现电解现象，这种电解现象会导致金属体被腐蚀。

4. 杂散电流的防护措施

从杂散电流产生的原因可以得到治理的方向，即按照“堵”和“排”的思路进行防护治理。

（1）“堵”包含两层意思。一是减少杂散电流量，可通过适当限制供电区段长度，减小供电区段内的负荷和走行轨电位，设置走行轨均流线和走行轨电位限制器也可降低走行轨电位。直流供电设备和回流走行轨采用绝缘安装，从而减少杂散电流。

二是走行轨道与地绝缘越好，杂散电流也就越小。为此在走行轨道与混凝土轨枕之间，紧固用螺栓与混凝土轨枕之间，扣件与混凝土轨枕之间采取绝缘，要求每公里轨道对杂散电流收集网的泄漏电阻值大于 15 Ω。

对于车辆段走行轨对道床的泄漏电阻较低，杂散电流较大的区段，设置单向导通装置，限制杂散电流的扩散。

对隧道内的金属管线和其他金属设施采取材质选择和对地绝缘等措施，限制杂散电流向其泄漏。

（2）“排”，即设置杂散电流收集网，逐层屏蔽。利用杂散电流首次经过的通路——道床内的结构钢筋，将钢筋良好连通形成第一道屏蔽网，防止杂散电流向道床外部泄漏；利用隧道结构钢筋连通形成第二道屏蔽网，既保护自身受到腐蚀，又防止杂散电流向隧道外部泄漏，避免危及市政公共设施。另外在牵引变电所内设置排流装置，构成排流通路。

5．杂散电流的腐蚀监测

在轨道交通的沿线设置了专用的防蚀监测点进行杂散电流的监测，并定期对监测点进行检查维护。

（1）杂散电流监测系统的建立

1）监测系统一般由参比电极、测量端子、传感器、传输信号电缆、数据处理单元等组成。主要元件的功能介绍如下：

①参比电极埋入土壤或混凝土中。为测量的电参数提供一个稳定、统一的基准电位。一般采用 $Cu/CuSO_4$ 参比电极，为了能相互对照，也可再设置一 Zn 电极。

②智能传感器是由单片机为核心的智能数据采集装置，并有一定的存储容量。

③数据处理单元用于收集传感器信号，并将信号输送至变电所综合自动化上位机。

2）监测点位置的确定

①根据对走行轨阴阳极区的分析，监测点应设于整流站的附近和供电区段中点。

②根据对杂散电流的普遍检测要求，监测点应沿线路均匀分布。

③为了管理和维护方便，监测点应设于沿线车站，监测点首先应设于每个车站两端，并根据区间长短在区间设置 1 ~ 2 处。

（2）杂散电流的监测装置。在监测点处，上下行道床上各设两个参比电极，侧墙设两个参比电极，并穿越洞壁打入土壤，穿越部位应做好防水处理，将参比电极以及道床，隧道洞体、走行轨测量端子通过测量导线引入当地接线盒的传感器，测量信号再经测试电缆引入车站变电所内的数据处理单元。该单元一方面具备当地测量功能，以便移动测试装置随时检测；另一方面具备测量信号传输功能，将信息通过上位机进入远动系统向控制中心传送，CD－I 型监测点接线盒是一种常见的杂散电流监测装置。

6．减少杂散电流积极的保护措施

提供针对杂散电流影响的防护措施，目的是避免地铁公司和第三方的装置有被腐蚀的危险。纵向电压降取决于变电所之间的距离和回流的电阻。减少杂散电流积极的保护措施包括通过将轨道回流系统连接移至离变电所更远的地方，来减少线路回流系统的长度。牵引回流系统主要由走行轨、负回流线、上下行均流线等组成。理论和工程实践都已证明：抑制杂散电流首先要保持牵引回流回路的畅通，减小回路电阻；同时应设法尽量加大走行轨与道床的过渡电阻。为此采取下列措施：

（1）供电设备防护杂散电流的措施

1）选择较高的直流牵引供电的额定电压，以减少牵引电流和杂散电流。

2）采用双边供电方式。

3）尽可能减少走行轨间的接触电阻或增加附加回流线。

4）尽量提高走行轨对地的绝缘。

5）尽可能远离或避免平行设置地下金属管道、电缆等，并对其采用适当的防腐措施。

6）采取各种排流措施，如极性排流、阴极保护等保护措施。

7）轨道交通车站、变电所内的交、直流高压开关柜、变压器、动力照明箱、电动机、水泵、直流1 500 V牵引用变压器、直流柜、整流设备、车站电缆桥架，自动扶梯等全都采用绝缘法进行安装（与主体钢筋绝缘），以上设备均单独从接地排引绝缘接地线，进行接地保护，严禁将主体结构钢筋作接地线与电气设备相接，而进行接地保护。

8）接地极和引入车站、变电所的接地线应与车站、变电所等建筑物的主体结构钢筋绝缘，并需要对每个引入点结构孔洞进行绝缘和防水处理。

9）每个轨道交通车站只能有一个接地点，接地极材料应选择耐腐蚀的。

（2）地面段及车辆段防护杂散电流的措施

1）地面段轨道采用带绝缘扣件的混凝土轨枕。

2）为减少回流走行轨的电阻，一般采用长走行轨。

3）所有通向地面的金属管道和电缆等，均加装绝缘管和绝缘接头。

4）与地面轨道（直流牵引用回流走行轨）平行埋设的金属管道，进行防腐处理和绝缘处理，并应距离轨道3～5 m铺设。

5）车辆段内检修库房屋金属构件和轨道要构成电气连接并接地（接地电阻0.5 Ω），同时库内外轨道要绝缘分段。

6）由轨道交通区间至敞开段的回流轨道，由正线进入车辆段的轨道和车辆段至正线的轨道要进行绝缘分段。

（3）隧道区间防护杂散电流的措施

1）采用长走行轨，减少回流走行轨阻抗。

2）轨道与混凝土轨枕间、紧固用螺栓与混凝土轨枕间、扣件与混凝土轨枕间采用加强绝缘的措施。

3）在道床内用钢筋纵向、横向焊成杂散电流收集网。收集网绝对不能与主体钢筋相连。

7. 减少杂散电流消极的保护措施

（1）减少杂散电流消极的保护措施包括在相关金属装置上添加绝缘材料或防腐金属。

（2）设备对杂散电流的防护措施。上述种种技术措施能使杂散电流大大减小，但仍旧免不了有一小部分杂散电流从混凝土道床流到隧道结构内的金属导体上，若不采取措施，这部分杂散电流会使金属导体产生腐蚀。因此，还对各种设备采取了减少杂散电流的防护措施：

1）采用排流柜。排流柜是收集杂散电流的设备，主要由隔离二极管、分流器、隔离闸刀、电流表等元件组成。排流柜接于牵引站 1 500 V 直流负极与大地集流网之间。二极管起了限制电流方向的作用，使电流方向始终是由排流网流向牵引站的直流母线，这样就起了收集散失电流的目的，也就是排走了流入大地的电流。

分流器与电流表的量程相匹配，直观地反映了回流的数值及排流设备的工作情况。

排流网是由纵横交错按 定距离间隔由金属件构成的立体网，安装于道床的下方，从走行轨同流走失的电流大量能通过排流网流回牵引站的负母线。

2）动力、照明配管的防护。城轨的动力、照明配管全部采用阻燃 PVC 管，从而避免杂散电流对保护管的电腐蚀。

3）车站给排水管道的防护

①进入车站的所有给排水管道在进入年站前应加入一段 2 m 长绝缘管进行绝缘隔离，绝缘管设在车站外侧，离主体结构 150 mm。

②出城轨区间的给排水管道应加一段长度 2 m 的 UPVC 塑料绝缘管后，才能引出地面，绝缘管应设在干燥和易于查看检修的地点。

③从水泵接出的水管在水泵处加装一段短绝缘管，使水管系统与水泵—电动机组在电气上绝缘。

④区间隧道的给排水管在电气上要连通，并且在有变电所的车站将水管两端接至接地极。

⑤穿越道床的给排水管用 UPVC 塑料绝缘管。

3.6 电动列车供电

知识要求

3.6.1 电动列车主回路

1. 电动列车主回路应满足的状态要求

电动列车主回路是将“电力传动车辆”产生牵引力和制动力的各种电器、电机、电子设备连成一个电系统，实现电动列车的功率传输，它是电动列车最重要的组成部分之一。直—直电传动装置采用斩波器调压的控制方法，它和传统变阻调压比较，具有节能、容易维修和连续、平滑可调的特点。直—交电传动装置与直流电传动相比在技术上具有很大的先进性。

主回路应满足车辆起动、调速和制动三个基本工作状态的要求。起动、调速及制动三个基本要求是通过车辆主回路、控制电路和辅助系统共同作用实现的。它是车辆电传动系统必须达到的基本任务，尤其是调速，它更是三种运行工况的共同基础，因为车辆牵引时需要根据不同的运行条件来调节车辆的速度，为了充分发挥车辆的功率，就要求车辆能在不同的线路和荷载条件下改变牵引力，因此，车辆主回路工况必须保证牵引电动机的转矩和转速都可进行调节，且有宽广的调节范围。

2. 电动列车牵引逆变器的功能及组成

牵引逆变器是安装在电动列车动车的车底部，其主要功能是为两个动车转向架上的四个牵引交流电机提供电源。列车牵引逆变器由两个部分组成：主逆变器及制动电阻。

逆变器的开关器件 GTO（4.5 kV、3 kA）和续流二极管构成逆变器相模块，制动斩波器的 GTO（4.5 kV、3 kA）和续流二极管构成制动模块。

3. 直流牵引主回路的构成及作用

直流牵引主回路由以下三部分构成：

（1）线路滤波部分。线路滤波部分主要由线路电抗器和线路电容器组成。它的作用是减少外界因素和触网电压波动突跳等对主回路的影响，使主回路得到一个平稳的电源电压。同时也是为了减少由于电压、电流波动对周围通信、信号等设施的干扰。

（2）主电路部分。主电路部分主要是由二串二并四个直流牵引电机组成。它的作用是建立牵引工况、制动电路工况和设定电机的转动方向。

（3）斩波器部分。斩波器主要由主晶闸管大功率可关断晶闸管，电阻制动晶闸管，续流晶闸管，短路晶闸管，短接串联降压电阻晶闸管，接通串联降压电阻二极管组成。斩波器的作用是在电机启动时调节电机两端电压来满足电机电流恒流启动要求；在电制动时能实施再生反馈制动或电阻制动。

4. 交流牵引主回路的构成及作用

（1）供电系统。供电系统由一个线路接触器，两个预充电电阻，一个预充电接触器和一个线路电感组成。当接通电源后，系统首先通过预充电接触器和预充电电阻为直流连接电路中的线路电容进行充电。由于预充电电阻的作用，这时充电电流非常小，电容两端的电压上升比较缓慢。

当电容两端电压达到线路电压的90%时，线路接触器吸合，预充电接触器分开，这时，电源直接对电容进行充电。当电容两端电压达到线网电压时，直流连接电路的电压达到稳定状态。图3—62所示为在充电过程中，线路电容两端电压的变化过程。

供电模块中的线路电感和中间直流电路中的线路电容一起组成主逆变电路中的LC滤波电路，以消除电源中的谐波电流，使输入的电流比较平稳。还可防止牵引逆变器工作在短时过压状态。如果直流连接电路及后级电路出现故障，系统一方面通过线路电感抑制电流上升，另一方面可以通过关断线路接触器和预充电接触器，使后级电路与电源分离。这样一方面可以防止电源受到过载冲击，另一方面可以保护后级电路其他未损坏的部件，防止故障扩散。

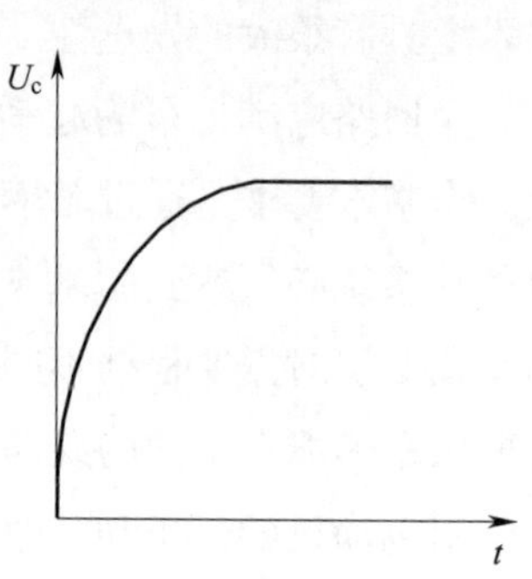

图3—62　充电过程中线路电容两端电压变化过程

由受电弓接入线网1 500 V的电流进入主回路，滤波电路用来平抑逆变和斩波造成的电网电压电流的波动和减少谐波。逆变电路的六个相模块组成的逆变桥进行VVVF变换，在牵引时将直流电逆变成三相交流电，供牵引电机起动、加速。制动时电动机转换成发电机状态运行，将车辆所具有的动能转变为电能，由逆变桥将三相交流电整流为直流电（再生制动），通过受电弓送至电网。当不能再生馈电时，通过制动斩波器将电能消耗在制动电阻上，转化为热能散发。

由于VVVF逆变、斩波部分采用GTO自动关断器件，省去了线路复杂、体积较大的强迫换流电路，既可以减小装置的体积，又降低了开关损耗，从而提高了效率。

（2）直流连接电路。直流连接电路由两个电容，一个放电电阻和短路晶闸管组成。直流连接电路中的电容能稳定电压，吸收交流分量，并和线路电感组成线路滤波器。

同时，根据交流电机工作的数学模型，

$$视在功率：S=\sqrt{3}\times U_{线路}\times I_{相}$$

$$无功功率：Q=S\times \sin\psi$$

$$有功功率：P=S\times \cos\psi$$

我们看出，交流电动机工作时的功率实际由两部分组成，有功功率和无功功率。一部分由电源提供，另一部分（无功功率）需要由电容为交流牵引电动机提供，即为整个逆变电路提供功率匹配。

当中间直流电路电压过高时，系统首先将供电模块中的接触器关闭，使之与电源分离，然后通过触发保护晶闸管，使电容对放电电阻进行放电，降低电容两端的电压。

（3）电阻制动电路。电阻制动电路由制动控制模块及制动电阻组成。在电制动的时候，由牵引电机产生的制动能量可通过以下两种途径消耗：

1）再生制动。如果线网可以吸收能量，例如，线网电压最高限额还没达到，制动能量可以反馈至线网。

2）电阻制动。如果线路不再能吸收能量（线路电压太高），制动电阻电路受制动控制模块的控制，制动能量将被转换成热能消耗在制动电阻上。制动控制是周期性的，这样可以保证直流连接电路稳定。如果牵引系统的消耗大于由制动能量转换成的电能，直流连接电路将会处于放电状态，在这种情况下，系统将结束电制动。制动电阻可以达到机械制动的水平，但不能完全让列车停止，在一定的速度下面，牵引电机无法产生能量时，制动电阻也就失去了制动的目的，这时的列车需要机械制动来降低速度。

（4）制动电阻。制动电阻虽然是牵引逆变器系统的一部分，但并不安装在牵引箱内。制动电阻独立安装在动车的车底部。

电动列车制动电阻采用条形电阻，由六个框架组成，集中在一个箱子中。来自牵引电机的电制动能量通过牵引逆变器在制动电阻上转换成热能。由于在消耗电制动能量时电阻会产生较高的温度，所以通过装在进风口的通风风扇对制动电阻进行强迫通风冷却。在通风风扇的风道中安装有压差传感器及温度传感器，通过对通风流量及温度的检测，可以监控通风风机的工作情况，以保护制动电阻因温度过高而受到损伤。

（5）逆变电路。脉宽调制型逆变器由三个相模块组成。逆变器逐相导通，在输出端形成三相电压系统，将中间连接电压供给牵引电机。逆变器输出的频率及电压幅值是可以调整的。相电压最大的幅值取决于中间电路电压。输出电压的幅值可以通过调整开关时钟的宽度来调整。输出电压波形的频率与逆变器输出频率是一致的。

一个逆变单元由六个开关型半导体元件组成，在我们的逆变器系统中采用GTO管。GTO为门极可关断晶闸管。每个GTO管两端并联有一个续流二极管，用来维持电机电流的流动。对于交流电机的三个相，每两个GTO和两个二极管组成逆变器相。每一逆变相都连接着直流连接电路的正、负极，中间的引出端连接电机的一相。

3.6.2 受电弓

1. 受电弓（受流器）的作用与特性

受电弓升起时四根滑板与架空线接触，将电流引入电动车辆内。车辆运行时，滑板沿架空线滑动并保持良好接触。

受电弓的受流性能在很大程度上取决于接触压力。在静止状态下，接触压力与受电弓高度之间的关系称为受电弓的静特性。

车辆运行时，受电弓随着架空接触导线高度的变化而上下运动。因此，接触压力不但与受电弓的静特性有关，而且与受电弓上下运动时的惯性力，即受电弓的动特性也有关。

此外，受电弓结构各关节的摩擦力对接触压力也有影响。

根据受电弓的工作特点，其传动装置还应使升降弓过程中初始运动迅速，运动终了比较缓慢。

受电弓的相关技术参数见表3—12。

表3—12　受电弓的相关技术参数

参数	数值	参数	数值
长度（mm）	1 100 ±2	接触压力（N）	120
宽度（mm）	1 700	额定电压（VDC）	1 500（1 000 ~ 1 800）
升弓高度（mm）	2 835	额定电流（A）	1 500
折叠高度（mm）	300 + 10	起动电流（A）	1 860（30 s）
滑条长（mm）	1 050	短时电流（A）	2 500
重量（kg）	230		

2. 受电弓的动作原理及特性

（1）动作原理。受电弓升弓时，气缸连通气源，气缸活塞克服降弓弹簧反力，推动传动杠杆，使之与活动构架脱扣，在上举弹簧作用下升弓。当接触导线高度变化时，靠上举弹簧和受电滑板机构保证滑板和接触导线接触良好。降弓时，气缸和气源断开，压缩空气经电磁阀排气，降弓弹簧拉动杠杆而落弓。

为了调节升降弓的速度，可在气缸的进气和排气道上设置调节螺钉。

滑板受流的稳定性由其弹性托板机构来保证。当接触导线高度在小范位内变化时，滑板下的四连杆也随之上下移动，同时借滑板下的左右弹簧来保证滑板可顺导线随动，使之与接触导线接触良好。

由于单臂弓比双臂弓结构简单，因而得到了广泛应用。

受电弓不但能升降，而且有回转性能。当气缸推动带有特殊槽口和斜面的滑块往复移动时，卡在槽口中的杠杆带动回转机构旋转90°，滑块斜面使与之连接的拉杆上下升降。这种结构还能在“挂弓”后复归到原来位置。

（2）静特性。静态接触压力控制着受电弓和接触线之间的相互作用，它是指受流器滑板对导线的接替压力与滑板距底架高度的关系，静态接触压力是当受电弓向上运动时由滑板对接触线施加的力。标称静态 DC1 500 V 供电系统接触压力应为100～140 N。由于转轴和铰链处存在摩擦，导致上升与下降两根曲线上的接触压力相差近两倍摩擦力。设计时应尽量减少摩擦力，以使这两根曲线靠拢。

（3）动特性。受流器受流的稳定性不仅取决于受流器的静特性，也取决于它的动特性。动特性决定于受流器在垂直方向的加速度及它的活动部分的质量。受电弓的弓头能随着接触线高度和弛度的变化而做前后、上下的动作，以便改善受流质量。受电弓的受电性能在很大程度上取决于接触压力。加速度是因接触导线高度的突然变化所引起的。为了改善动特性，应尽量减少受流器本身活动部分的质量。

（4）受电弓的主要参数。直流轨道交通线路润滑铜受电弓滑板的允许工作电流上限值为每块滑板 1 250 A。标称静态 DC1 500 V 供电系统接触压力应在 70～110 N。电力机车受电弓的最大工作范围为 1 250 mm。运行中，接触线被受电弓顶起的抬升量按 100 mm 计算。运行中，受电弓的左右摇动量按 200 mm 计算。受电弓振动至极限位置和导线被抬起的最高位置距接地体的瞬间间隙正常值为不小于 200 mm。电力机车受电弓的允许工作范围为 950 mm。

（5）受电弓的主要尺寸与工作数据见表 3—13。

表 3—13　　受电弓的主要尺寸与工作数据

配件尺寸	数值	气动升弓装置的工作数据	数值
长度	（1 100 ±2）mm	工作压力	最小 4 bar，最大 8 bar
宽度	（900 ±2）mm	调整值	4. 5 bar
最低位时的伸展长度	约 2 450 mm	工作时间	升弓（7 ±2）s 落弓（7 ±2）s
带绝缘子的升弓高度	最小 2 835 mm	带绝缘子的最低位置	最大 310 mm
滑块长度	约 1 050 mm	移动速度	最大 90 km/h
集电头宽度	约 1 700 mm	电源	网压 DC1 000～1 800 V
重量	约 230 kg		额定电流最大 1 500 A
受电弓的接触压力	120 N（调整范围 100～140 N）		短时电流 2 500 A
			静止电流 360 A
			启动电流 1 860 A（30 s）

续表

最低位指示器的数据	感应接近开关 DC，PNP 在 20℃时的技术数据
工作电压	DC10 ~ 36 V
最大负载压降	<2.5 V
负载电流	250 mA
在 DC24 V 输入时的电流	<10 mA
一般开关距离（未设定）	15 mm
在受电弓上被调整到	约 8 mm
保护类型	IP67

3. 弓线间的接触压力

动态接触压力主要取决于运动速度、线路质量、架空接触网和受电弓的动态特性及其数量和间隔，还取决于牵引车辆的运行状态。空气动力接触压力为静态接触压力和由运动速度产生并取决于空气动力的有效分力合成。

4. 受电弓参数对动态受流的影响

减小滑板刚度可适当地改善受电弓性能，并可改善受流。减小质量是减小惯性、提高受电弓跟随能力的重要途径。

5. 受电弓的取流分析

供电质量与行车速度、受电弓的工作性能及线路状况有关。受电弓与接触网设备是两个独立接触点上相互振荡和耦合的系统。在受电弓的动态抬升以及车辆的横向运动等因素的基础上建立无线夹区。

6. 弓线间的相互作用

风力对弓线间的接触状态也会产生一定的影响。接触网的自振荡会使受电弓不能追随接触悬挂的振荡而破坏正常受流，甚至发生大离线。受电弓的抬升力对接触悬挂产生机械作用，使接触线抬升，其升高的数值决定于接触悬挂的弹性和受电弓给予它的抬升力，也决定于接触悬挂的结构及受电弓在跨距内的位置。

3.6.3 弓网关系

所谓弓网关系是指受电弓和接触网之间的耦合动态性能，由受电弓、接触网本身的性能决定。

1．受电弓对接触线的压力过大或过小的危害

运行中受电弓对接触线的压力变化越小越好。受电弓对接触线的压力过大，则增加接触线的机械磨耗或遇硬点打坏受电弓，造成弓网事故。受电弓对接触线的压力过小，则会发生受电弓离线现象，产生电气磨耗损坏接触线。接触压力偏小，接触电阻就大，在电动列车未运动时传导较大电流，会在接触线和滑板之间产生高温，损坏接触线和滑板。

2．接触网硬点

受电弓与接触线接触力的变化在电动列车运行中是非常复杂的，通常我们称引起受电弓与接触线的接触力突然变化的地点为接触硬点，统称硬点。接触网上引起接触力突然变化的地点为接触网硬点，它是指接触线本身不平直而产生的突出点或悬挂零件不符合要求而突出接触线底面的点，以及接触线上增加附加零件突然增加该点接触线重量的点。

3．接触网硬点的危害

受电弓对硬点碰撞和产生电弧造成接触网和受电弓的机械损伤和电弧烧伤，从而影响取流，对电动列车和电器产生不良影响，严重时会造成弓网事故。

4．弓网故障的定义

受电弓和接触网相互作用的最基本的要求是受电弓在运行中接触线不离开受电弓弓头的工作范围，保证接触线在碳滑板上滑行，如果不能保证这一点，则说明弓网之间存在故障。受电弓有上、下两个工作位置，这两个位置之间的范围就是工作范围。造成故障的原因主要是接触网相关部件发生非正常接触，导致受电弓和接触网故障。故障形式有打、刮弓或刮网。

刮网是由电动列车受电弓的原因引起，刮弓是由接触网的原因引起的弓网故障现象。

5．弓网离线的危害

弓网发生离线故障时产生拉弧，烧损接触线，严重时可使接触线机械强度急剧下降，造成接触线被拉断的事故。弓网在离线的瞬间，由于电弧的高温熔蚀作用，使接触线和滑板的接触面变得粗糙不平，两者的磨耗速度大大增加，从而缩短了使用寿命。

理论知识复习题

一、判断题（将判断结果填入括号中。正确的填“√”，错误的填“×”）

1．从工程角度看，架设接触悬挂通常是先挂承力索，再挂接触线。（　）

2．为满足机械受力的需要，将接触网分成若干一定长度且相互关联的分段，称为锚段。（　）

3．确定锚段长度要考虑到由于恢复力而导致的接触线张力的消耗。（　）

4．为实现电路上的联通，在锚段关节处需要安装电连接。（　）

5．四跨绝缘锚段电动列车受电弓在锚段关节中间实现锚段过渡。（　）

6．影响接触网的气象条件主要是风、雨水和温度。（　）

7．为了改善受流质量，使接触线在极限温度下，正弛度的绝对值略大于负弛度的绝对值。（　）

8．接触网负载分为垂直负载和水平负载。（　）

9．弛度大小与线索张力、线索的水平负载及跨距大小有关。（　）

10．线索自重负载即每米的重量，单位为 N/m。（　）

11．改变接触线弛度能改善接触悬挂弹性。（　）

12．接触网冷滑试验第三次为正常运行速度。（　）

13．接触网送电前需清洗绝缘子、准备送电工具、准备抢修机具。（　）

14．竣工验收交接程序：项目检查、现场初验、正式验收。（　）

15．利用水准仪可以测支柱倾斜。（　）

二、单项选择题（选择一个正确的答案，将相应的字母填入题目内的括号中）

1．为满足供电和机械受力的需要，将接触网分成若干一定长度且相互关联的分段，称为（　）。

A．锚段关节　　B．锚段　　C．分段绝缘器　　D．分相绝缘器

2．锚段长度确定的原则是在极限温度条件下，中心锚结与补偿器之间的张力差，对于接触线不应大于其额定张力的（　），对于承力索不应大于其额定张力的（　）。

A．±5%　±10%　　B．±10%　±5%

C．±10%　±15%　　D．±15%　±10%

3．三跨非绝缘锚段关节下锚处非工作支接触线距轨面高度比工作支接触线抬高（　）mm。

A. 50　　B. 100　　C. 200　　D. 500

4. 四跨绝缘锚段关节转换柱之间两接触线在水平面上平行，线间距为（　　）mm。

A. 50　　B. 100　　C. 200　　D. 500

5. 当风向与线路（　　）时会对接触线产生周期性的冲击作用，造成导线在垂直平面内上下振动。

A. 平行　　B. 斜交　　C. 垂直　　D. 横竖交替

6. 弛度大小与线索张力、线索的（　　）及跨距大小有关。

A. 垂直负载　　B. 水平负载　　C. 合成负载　　D. 斜负载

7. 链型悬挂中的吊弦及吊弦线夹的重量通常换算成单位长度负载，取值为（　　）N/m。

A. 0.25　　B. 0.5　　C. 1　　D. 2

8. 接触网衡量弹性好坏的标准是弹性大小和弹性的（　　）。

A. 均匀程度　　B. 波动性　　C. 离线率　　D. 压力

9. 通过保持恒定的（　　）和近似水平滑动轨迹改善接触悬挂弹性。

A. 弓网压力　　B. 张力　　C. 机械强度　　D. 载流量

10. 冷滑试验第一次低速冷滑运行速度区间为（　　）km/h，站场为 5 ~ 10 km/h。

A. 10 ~ 15　　B. 25 ~ 30　　C. 15 ~ 25　　D. 5 ~ 10

11. 试运行是验收的组成部分，它始于系统（　　）之后和接触网开始运营之时。

A. 验收　　B. 调试　　C. 完工　　D. 安装

12. 如果接触网车梯以钢管或合金材料焊接加工专用底座制作而成，要求作业平台离接触线 1.2 m，平台面积为 1 m^2，底座的四个滑轮其中一个（　　），并要配置制动装置。

A. 绝缘　　B. 接地　　C. 制动　　D. 活动

13. 定位器甚至腕臂有（　　）迹象，说明定位器附近主导电回路有问题，应及时检查分析。

A. 闪络　　B. 接触不良　　C. 击穿　　D. 导流发热

14. 受电弓对接触线的压力过大，则增加接触线的（　　）或遇硬点打坏受电弓，造成弓网事故。

A. 电气连接　　B. 接触电阻　　C. 接触电压　　D. 机械磨耗

15．弓网在（　　）的瞬间，由于电弧的高温熔蚀作用，使接触线和滑板的接触面变得粗糙不平，两者的磨耗速度大大增加，从而缩短了使用寿命。

A．取流　　B．载流量变化　　C．弛度变化　　D．离线

理论知识复习题答案

一、判断题

1．√　2．×　3．√　4．√　5．×　6．×　7．√　8．×
9．×　10．√　11．×　12．√　13．√　14．√　15．×

二、单项选择题

1．B　2．D　3．D　4．D　5．C　6．A　7．B　8．A
9．A　10．A　11．B　12．B　13．D　14．D　15．D

理论知识考试模拟试卷及答案

城轨接触网检修工（三级）理论知识试卷

注 意 事 项

1. 考试时间 90 min。
2. 请首先按要求试卷的标封处填写您的姓名、准考证和所在单位的名称。
3. 请仔细阅读各种题目的回答要求，在规定的位置填写您的答案。
4. 不要在试卷上乱写乱画，不要在标封区填写无关的内容。

	一	二	三	总分
得分				

一、判断题（1～30 题，每题 1 分，共 30 分，请将判断结果填入括号中，正确的填“√”，错误的填“×”）

1. 内部过电压保护设备是避雷器或阻容吸收装置，一端接在相线上，另一端接地，当内部过电压超过避雷器的放电值，避雷器被击穿，从而保护电气设备绝缘不被损坏。（ ）

2. 实际形状对其加工形状的变动量为形状误差。（ ）

3. 通常所说的支柱容量是指支柱本身能承受的最大许可弯矩值。（ ）

4. 当线索下锚时，下锚支线索由于改变方向对转换柱产生的垂直分力称为线索的下锚分力。（ ）

5. 对支柱容量的要求是满足横向承力索悬挂点处水平张力和支柱高度相乘的数值。（ ）

6. 上、下固定绳调整螺栓螺丝的外露长度应为 20 mm 至螺纹全长的 1/3。（ ）

7. 软横跨节点 1、2 表示软横跨在钢支柱上的装配形式。（ ）

8. 软横跨节点 5 相当于一般道岔定位柱的定位装配形式。（ ）

9. 接触网是一种特殊形式的输电线路，为了保证供电的可靠性和灵活性，要进行电气分段。（ ）

10. 在正常情况下，电客车受电弓滑行通过分段绝缘器与导滑板接触良好。（ ）

11. 分段绝缘器与接触线的接头线夹处状态不良会形成硬点致使受电弓打坏分段绝缘器。（ ）

12. 隔离闸刀可以将需要检修的设备或线路与电源隔离，或将线路分段。（ ）

13. 隔离闸刀一旦故障应立即将其退出运营。（ ）

14. 隔离闸刀检调前，要到牵引站确认牵引小车位置后（冷备用状态）将隔离闸刀分闸，并在分段两端挂设地线。（ ）

15. 内螺纹锚栓其锚固厚度不随所选锚栓长度而变化。（ ）

16. 为了改善受流质量，应使接触线在极限温度下正弛度的绝对值略大于负弛度的绝对值。（ ）

17. 接触网负载分为垂直负载和水平负载。（ ）

18. 覆冰会增加接触线和承力索的电气负荷。（ ）

19. 用吊车安装钢柱分准备、吊立、对位安装、整正几个步骤。（ ）

20. 整正钢筋混凝土腕臂柱用整杆器，其固定框架应固定在高于轨面 1.5 m 部位的支柱。（ ）

21. 接触网检修人员安全考试内容应包括接触网安全规程、接触网检修规程、行车规则及其他相关制度。（ ）

22. 防止作业人员从高空坠落及地面作业过程中高空坠物砸伤辅助人员及地面人员是接触网检修人身安全的关键项目。（ ）

23. 吊弦有因导流发热烧红的痕迹，说明主导电回路有问题。（ ）

24. 运行中受电弓对接触线的压力变化越小越好。（ ）

25. 轨道交通中，钢轨除了作为走行轨外，还兼作直流供电系统的负极回流。（ ）

26. di/dt 主要切除中、远距离故障，因此整定值不应取太小，以获得较大的保护范围。（ ）

27. 当一台整流变压器 35 kV 开关跳闸后，另一台整流变 35 kV 开关不会联跳。（ ）

28. 在钢轨电位限制装置内，如果当 F21 动作，钢轨电位限制装置会立即动作。 （　　）

29. 在正常运行情况下，单相导通装置内的隔离闸刀处于合闸位置。 （　　）

30. 杂散电流监测系统有分散式监测系统和集中式监测系统两种。 （　　）

二、单项选择题（1～60 题，每题 1 分，共 60 分，请将最恰当答案的字母填在括号中）

1. 防治感应雷的措施是安装（　　）。

A. 电容装置　　B. 避雷器或放电间隙

C. 接地装置　　D. 避雷针或避雷线

2. 采用走行轨回流，在直流（　　）越区供电情况下，走行轨对地电位将高于正常双边供电，有时会超过允许值。

A. 单边　　B. 双边　　C. 大双边　　D. 大单边

3. 为了减少误差、保证（　　）要求，应尽可能使设计基准和工艺基准一致。

A. 设计　　B. 工艺　　C. 装配　　D. 测量

4. 当气象条件发生变化时，当量跨距下导线（　　）与锚段内各跨距线索张力变化规律相同。

A. 长度变化规律　　B. 张力变化规律

C. 长度　　D. 张力

5. 在曲线区段，线索布置呈折线状，在支柱定位点处，因线索改变方向而产生的向曲线内侧的水平分力，通常称为（　　）。

A. 之字力　　B. 曲线力　　C. 下锚分力　　D. 静抬升力

6. 在曲线区段，线索布置呈折线状，在支柱定位点处，因线索改变方向而产生的向（　　），通常称为曲线力。

A. 曲线外侧的水平分力　　B. 曲线外侧的垂直分力

C. 曲线内侧的水平分力　　D. 曲线内侧的垂直分力

7. 在直线上，接触线呈“之”字形布置，对支柱定位点处产生的水平分力，称为（　　）。

A. 之字力　　B. 曲线力　　C. 下锚分力　　D. 静抬升力

8. 接触悬挂传给支柱的风负载是指（　　）。

A. 接触线风负载　　B. 承力索风负载

C. 支柱承担的附加导线（如架空地线、馈线） D. 以上均是

9. 多股道接触悬挂通过横向线索悬挂在线路两侧的支柱上的装配方式称为（ ）。

A. 简单悬挂 B. 链型悬挂 C. 硬横跨 D. 软横跨

10. 非绝缘软横跨的（ ）对地绝缘。

A. 横向承力索 B. 上部定位绳

C. 下部定位绳 D. 以上均是

11. 软横跨由站场两侧支柱和悬挂在支柱上的（ ）及支持和连接他们的零件组成。

A. 横向承力索 B. 上、下部定位绳

C. 软横跨直吊弦 D. 以上均是

12. （ ）的作用是固定各股道的纵向承力索，并将它的水平负载传递给支柱。

A. 下部固定绳 B. 上部固定绳 C. 横向承力索 D. 直吊弦

13. 软横跨节点 3、4 表示软横跨在（ ）上的装配形式。

A. 钢支柱 B. 混凝土支柱

C. 非工作支定位 D. 工作支定位

14. 软横跨节点 5 在（ ）时，悬挂承力索的鞍子改为滑轮。

A. 简单悬挂 B. 链型悬挂

C. 半补偿链型悬挂 D. 全补偿链型悬挂

15. 硬横跨刚度好，稳定性高能改善弓网受流，降低（ ）。

A. 接触线高度 B. 离线率

C. 实际负载 D. 受力状态

16. 硬横跨跨越能力强，能有效（ ），做到既满足刚度又满足稳定性。

A. 提高支柱高度 B. 降低支柱高度

C. 增加支柱强度 D. 增加机械强度

17. 安装分段绝缘器时，导滑板底部必须与（ ）保持平行。

A. 地平面 B. 轨平面 C. 接触线 D. 绝缘杆

18. 分段绝缘器各部件的材料要求具有（ ）。

A. 耐弧性 B. 轻便性 C. 互换性 D. 自洁性

19. 分段绝缘器的工作面高度应比安装跨距两定位点接触线高度高（ ）mm。

A. 0 ~ 20 B. 20 ~ 40 C. 40 ~ 60 D. −20 ~ 0

20. 更换分段绝缘器前，需用（　　）测量分段绝缘器所在地线路的轨面倾斜度，并做记录。

A. 激光测量仪　　B. 经纬仪　　C. 卷尺　　D. 水平尺

21. 隔离闸刀由于拧紧部件（　　），刀闸触头合的不严或接触不良，造成过热或刀闸触头熔焊。

A. 过紧　　B. 松动　　C. 张紧力大　　D. 张紧力小

22. 锚固基础的类型、特征和（　　）决定锚栓的选择。

A. 强度　　B. 牢度　　C. 硬度　　D. 密度

23. 锚固基础的钻孔直径一般（　　）被锚固物的钻孔直径。

A. 大于　　B. 小于　　C. 等于　　D. 以上均可

24. 锚固可变载荷包括（　　）。

A. 惯性力　　B. 风载荷　　C. 人群走动　　D. 雪载荷

25. 锚段长度是架空接触网平面布置的重要依据，根据不同曲线半径的数值架空接触网划分出不同长度的锚段，不同的锚段通过（　　）进行衔接，形成连续的架空接触网系统。

A. 锚段关节　　B. 绝缘子

C. 分段绝缘器　　D. 隔离闸刀

26. 在锚段关节内承力索和接触线有重叠的两支，与电动列车受电弓接触的称工作支，脱离工作接触以（　　）下锚的称为非工作支。

A. 升高　　B. 下降　　C. 拉出　　D. 偏移

27. 三跨非绝缘锚段关节的技术特点：两锚段接触线在立面上的交叉点在两转换支柱中间；转换柱之间的两支接触线在水平面上是平行的，线间距为（　　）mm。

A. 50　　B. 100　　C. 200　　D. 500

28. 当风向与线路（　　）时，会对接触线产生周期性的冲击作用，造成导线在垂直平面内上下振动。

A. 平行　　B. 斜交　　C. 垂直　　D. 横竖交替

29. 弛度大小与线索张力、线索的（　　）及跨距大小有关。

A. 垂直负载　　B. 水平负载

C. 合成负载　　D. 斜负载

30. 链型悬挂中的吊弦及吊弦线夹的重量，通常换算成（　　），取值为0.5 N/m。

A. 集中力　　B. 单位长度负载

C．单位重量　　　　　　　　D．集中重量

31．风吹在物体上便对物体产生作用力，我们把这种风对物体的作用力叫作（　　）。

A．集中负荷　　　　　　　　B．风负荷

C．机械负荷　　　　　　　　D．集中重量

32．通过保持恒定的（　　）和近似水平滑动轨迹改善接触悬挂弹性。

A．弓网压力　　B．张力　　C．机械强度　　D．载流量

33．冷滑试验第一次低速冷滑运行速度区间为（　　）km/h，站场为5～10 km/h。

A．10～15　　B．25～30　　C．15～25　　D．5～10

34．冷滑区段的各种跨越电力线及其他（　　）必须在冷滑前彻底处理。

A．设备　　B．电源　　C．干扰　　D．线索

35．正式验收是验收委员会接各专业验交小组的初验报告后，组织对项目进行复验，解决（　　）中未解决的问题，决定送电开通方案及开通日期，决定全线电气化项目总验收交接日期。

A．施工　　B．设计　　C．验收　　D．初验

36．经纬仪的功能是测量（　　），也可测量水平距离及地形高差等。

A．位置　　B．高度　　C．角度　　D．距离

37．当有两个及以上抢修组同时作业时，应由供电部门事故抢修领导小组指定（　　）名人员任总指挥。

A．1　　B．2　　C．3　　D．4

38．若接触网车梯以钢管或合金材料焊接加工专用底座制作而成，要求作业平台离接触线1.2 m，平台面积为1 m^2，底座的四个滑轮其中一个（　　），并要配置制动装置。

A．绝缘　　B．接地　　C．制动　　D．活动

39．（　　）主要用于（缚系）悬链线，便于接触网设备调整时线索不被脱落。

A．紧线器　　B．线夹　　C．手扳葫芦　　D．扭面器

40．接地线采用截面不小于（　　）mm^2 的软铜绞线。

A．25　　B．70　　C．95　　D．150

41．使用旋转式验电器时，（　　）证明接触网停电。

A．回转片不转动　　　　　　B．音响器无声响

C．光指示器无闪光　　　　　D．音响器有蜂鸣

42. 接触网大修更新的设备及其零部件，均应符合（　　）技术标准。

A. 维修　　B. 维护　　C. 大修　　D. 新建

43. 接触网日常维修是（　　）修理。

A. 维持性　　B. 恢复性　　C. 局部性　　D. 维护性

44. 按设备的技术状态进行预防修即（　　）。

A. 维持修　　B. 恢复修　　C. 局部修　　D. 状态修

45. 测量导高和拉出值属（　　）检测。

A. 动态　　B. 静态　　C. 物理　　D. 状态

46. 接触网受自然条件影响，构件本身处在（　　）变化的影响之中。

A. 动态　　B. 静态　　C. 物理　　D. 状态

47. 不同接触状态下的安全电压一般为 50 V，允许通过人体的电流约为（　　）mA。

A. 15　　B. 30　　C. 50　　D. 100

48. 人体触电时（　　）对人体造成的伤害分为电击和电伤。

A. 电流　　B. 电压　　C. 电源　　D. 电弧

49. 一旦发生事故，安装于牵引变电所内的继电保护装置即被事故产生的（　　）启动，自动将向施工点供电的断路器断开，以缩小事故范围，保证其他设备的安全运行和向非事故线路正常供电。

A. 过电压　　B. 过电流　　C. 保护电流　　D. 短路电流

50. 定位器是集中（　　）的汇集点。

A. 突出　　B. 接触电阻　　C. 负载　　D. 机械磨耗

51. 刮网是由（　　）的原因引起。

A. 电动列车受电弓　　B. 接触网

C. 定位点位移　　D. 风偏

52. 在 di/dt 保护启动的同时 ΔI 保护也启动并进入保护（　　），保护单元开始计算电流增量。

A. 计算阶段　　B. 稳压阶段　　C. 稳流阶段　　D. 延时阶段

53. 在直流馈线断路器柜中设置了自动重合闸功能，通过线路测试回路，计算线路残余（　　）来判断故障性质，决定是否进行自动重合闸。

A. 电流　　B. 电压　　C. 载荷　　D. 电阻

54. 对于电压型框架保护而言，采样是取自（　　）之间的电压。

A．牵引站设备框架对大地　　B．1 500 V 接触网对大地

C．行走轨对大地　　D．1 500 V 接触网对走行轨

55．直流牵引电流和短路电流在钢轨上易形成纵向（　　）。

A．电流　　B．电压降　　C．短路　　D．电阻

56．牵引回流系统由走行轨、负回流电缆、（　　）和单向导通装置等构成。

A．正回流电缆　　B．均流电缆

C．汇流电缆　　D．杂散电流收集电缆

57．城市轨道中的杂散电流是一种（　　）的电流，（　　）对地铁中的电气设备、设施的正常运行产生影响。

A．有害　会　　B．有害　但不会　　C．有益　但会　　D．有益　不会

58．杂散电流的防护需确保牵引（　　）系统的畅通，从根本上减少杂散电流的产生。

A．输电　　B．变电　　C．回流　　D．电气

59．如果测试到某段结构钢电位超过标准 0.5 V 的，则该区段杂散电流超标，应对钢轨回路及（　　）进行测试检查。

A．钢轨电位　　B．自然本体电位

C．钢轨泄漏电阻　　D．半小时内的轨道电压最大值

60．城轨电动列车受电弓的每个滑板允许电流为（　　）A。

A．500 ~ 700　　B．1 400　　C．1 250　　D．100

三、多项选择题（1 ~ 5 题，每题 2 分，共 10 分，请将最恰当答案的字母填在括号中）

1．在工作状态下，支柱负载是指支柱上所承受的（　　）。

A．垂直负载　　B．横向负载　　C．水平负载　　D．纵向负载

E．自身负载

2．隔离闸刀的主要用途是（　　）。

A．隔离电源　　B．串联电路

C．隔离母线　　D．倒换母线

3．锚固载荷包括（　　）。

A．惯性力载荷　　B．阻尼力载荷　　C．静载荷

D．可变载荷　　E．疲劳载荷

4. 水平负载包括支柱的风负载、接触网线索传给支柱的（　　）。

A. 风负载　　B. 曲线力　　C. 之字力　　D. 下锚分力

5. 馈线柜的保护有（　　）、电流上升率及电流增量保护、双边联跳保护。

A. 大电流脱扣保护　　B. 逆流保护

C. 温度保护　　D. 过负荷保护

E. 框架保护

城轨接触网检修工（三级）理论知识试卷参考答案

一、判断题

1. √	2. ×	3. √	4. ×	5. √	6. ×	7. √	8. ×
9. √	10. √	11. √	12. √	13. ×	14. ×	15. ×	16. √
17. ×	18. ×	19. √	20. ×	21. √	22. √	23. √	24. √
25. √	26. ×	27. √	28. ×	29. ×	30. √		

二、单项选择题

1. B	2. C	3. A	4. B	5. B	6. C	7. A	8. D
9. D	10. D	11. D	12. B	13. B	14. D	15. B	16. B
17. B	18. A	19. B	20. B	21. B	22. A	23. A	24. A
25. A	26. A	27. B	28. C	29. A	30. B	31. B	32. A
33. A	34. C	35. D	36. C	37. A	38. B	39. A	40. B
41. A	42. D	43. A	44. D	45. C	46. C	47. B	48. A
49. D	50. C	51. D	52. D	53. C	54. B	55. B	56. A
57. A	58. C	59. C	60. D				

三、多项选择题

1. AC　2. ACD　3. CDE　4. ABCD　5. AE

操作技能考核模拟试卷

注 意 事 项

1. 考生根据操作技能考核通知单所列的试题，做好考试准备。

2. 请考生仔细阅读试题单中具体考核内容和要求，并按要求完成操作。

3. 操作技能考核时要遵守考场纪律，服从考场管理人员指挥，以保证考核安全顺利进行。

注：操作技能鉴定试题评分表及答案是评考员对考生考核过程及考核结果的评分记录表，也是评分依据。

国家职业资格鉴定
城轨接触网检修工（三级）操作技能考核通知单

姓名：

准考证号：

考核日期：

试题 1

试题代码：1. 1. 1。

试题名称：金属氧化锌避雷装置的故障判定及调整。

考核时间：60 min。

配分：30。

试题 2

试题代码：2. 2. 2。

试题名称：柔性线岔的故障综合判定及更换。

考核时间：60 min。

配分：30。

试题 3

试题代码：3. 1. 7。

试题名称：承力索断线的故障判定及处理。

考核时间：60 min。

配分：40。

城轨接触网检修工（三级）操作技能鉴定
试　题　单

试题代码：1.1.1。

试题名称：金属氧化锌避雷装置的故障判定及调整。

考核时间：60 min。

1. 操作条件

（1）线路停役。

（2）两人辅助推梯车，一人辅助作业。

2. 操作内容

（1）正确选择工器具。

（2）寻找避雷器存在的故障。

（3）排除故障，将设备调整至正常状态。

3. 操作要求

（1）正确选择工器具。

（2）故障查找全面。

（3）调整过程的操作步骤规范。

城轨接触网检修工（三级）操作技能鉴定试题评分表及答案

考生姓名：　　　　　　　　准考证号：

1. 试题评分表

试题代码及名称		1.1.1　金属氧化锌避雷装置故障判定及调整			考核时间					60 min
评价要素		配分	等级	评分细则	评定等级					得分
					A	B	C	D	E	
1	故障判定	10	A	找到全部故障						
			B	找到3个故障						
			C	找到2个故障						
			D	找到1个故障						
			E	没有找到故障						
2	工具和材料	10	A	正确选取所需的工具和材料						
			B	多领或少领1种工具或材料						
			C	多领或少领2种工具或材料						
			D	多领或少领3种以上的工具或材料						
			E	选取所需的工具和材料全部错误						
3	操作步骤	10	A	能按操作内容完成各个步骤检调						
			B	1个步骤未完成						
			C	2个步骤未完成						
			D	2个以上步骤未完成						
			E	步骤完全错误						
合计配分		30	合计得分							

考评员（签名）：

等级	A（优）	B（良）	C（尚可）	D（较差）	E（差）
比值	1.0	0.8	0.6	0.4	0

“评价要素”得分＝配分×等级比值

2. 参考答案

(1) 存在的故障

引线脱落、脱扣器松动、引线和地线安全距离过小、引线与避雷器接线松动。

(2) 设备调整

1) 拧开引线端固定装置，检查固定装置是否完好，装置完好拧紧引线。

2) 检查脱扣器底部支架及上部接线，拧紧底部支架固顶螺栓。

3) 调整引线或地线敷设路径，扩大两者的安全距离至 100 mm 以上（要求在极限温度时也能满足绝缘距离)。

4) 复测引线和地线的安全距离，在适当处进行固定，以防安全距离改变。

5) 工作结束后由工作负责人对人员、工器具及材料进行清点。

6) 拆除接地线，作业人员撤离现场。

(3) 质量标准

1) 避雷器常规测试须达到 1 mA 直流参考电压应大于 2.67 kV。

2) 75% 持续电流应不大于 20 μA。

3) 避雷器脱扣器无损坏。

城轨接触网检修工（三级）操作技能鉴定
试　题　单

试题代码：2. 2. 2。

试题名称：柔性线岔的故障综合判定及更换。

考核时间：60 min。

1．操作条件

停役设备。

2．操作内容

（1）故障判断。

（2）选择更换所需要的工具和材料。

（3）线岔故障处理。

3．操作要求

（1）故障判断全面、到位。

（2）操作步骤符合作业程序。

（3）恢复后的设备符合质量要求。

城轨接触网检修工（三级）操作技能鉴定
试题评分表及答案

考生姓名：　　　　　　　准考证号：

1. 试题评分表

<table>
<tr><td colspan="2">试题代码及名称</td><td colspan="3">2.2.2　柔性线岔的故障综合判定及更换</td><td colspan="5">考核时间</td><td>60 min</td></tr>
<tr><td colspan="2" rowspan="2">评价要素</td><td rowspan="2">配分</td><td rowspan="2">等级</td><td rowspan="2">评分细则</td><td colspan="5">评定等级</td><td rowspan="2">得分</td></tr>
<tr><td>A</td><td>B</td><td>C</td><td>D</td><td>E</td></tr>
<tr><td rowspan="5">1</td><td rowspan="5">故障现象</td><td rowspan="5">10</td><td>A</td><td>能找到全部故障</td><td rowspan="5"></td><td rowspan="5"></td><td rowspan="5"></td><td rowspan="5"></td><td rowspan="5"></td><td rowspan="5"></td></tr>
<tr><td>B</td><td>能找到 3 个故障</td></tr>
<tr><td>C</td><td>能找到 2 个故障</td></tr>
<tr><td>D</td><td>能找到 1 个故障</td></tr>
<tr><td>E</td><td>不能找到故障</td></tr>
<tr><td rowspan="5">2</td><td rowspan="5">作业准备</td><td rowspan="5">10</td><td>A</td><td>符合作业准备规定</td><td rowspan="5"></td><td rowspan="5"></td><td rowspan="5"></td><td rowspan="5"></td><td rowspan="5"></td><td rowspan="5"></td></tr>
<tr><td>B</td><td>1 处不符合作业准备规定</td></tr>
<tr><td>C</td><td>2 处不符合作业准备规定</td></tr>
<tr><td>D</td><td>3 处不符合作业准备规定</td></tr>
<tr><td>E</td><td>3 处以上不符合作业准备规定</td></tr>
<tr><td rowspan="5">3</td><td rowspan="5">作业程序</td><td rowspan="5">10</td><td>A</td><td>符合作业程序</td><td rowspan="5"></td><td rowspan="5"></td><td rowspan="5"></td><td rowspan="5"></td><td rowspan="5"></td><td rowspan="5"></td></tr>
<tr><td>B</td><td>1 处不符合作业程序</td></tr>
<tr><td>C</td><td>2 处不符合作业程序</td></tr>
<tr><td>D</td><td>3 处不符合作业程序</td></tr>
<tr><td>E</td><td>3 处以上不符合作业程序</td></tr>
<tr><td colspan="2">合计配分</td><td>30</td><td colspan="7">合计得分</td><td></td></tr>
</table>

考评员（签名）：

等级	A（优）	B（良）	C（尚可）	D（较差）	E（差）
比值	1.0	0.8	0.6	0.4	0

“评价要素”得分 = 配分 × 等级比值

2. 参考答案

（1）故障现象

1）线岔岔心至两线 500 mm 处不等高。

2）线岔限制管损坏（一般情况下，打弓后需要更换）。

3）接触线有弯曲（打弓后常见）。

4）接触线侧磨。

（2）作业准备

1）车辆：梯车2～3辆、抢修机动车。

2）工具：验电器、接地棒、伸缩梯、1.5 t和3 t手扳葫芦、紧线器、断线钳、压接钳、钢丝绳、扭面器、校线器、旗杆绳、激光测量仪、水平尺、常用工具、接触线直弯器。

3）材料：吊弦若干、铅丝、定位装置及相关零件、支持装置及相关零件。

（3）作业程序（按五大点检查，若出现打弓须查看无线夹区内是否安装了线夹）

1）检查线岔故障情况，并派人员到事故锚段进行检查。

2）若发现线岔岔心至两线500 mm处不等高，对定位点拉出值和该定位相邻两跨距的跨中接触线偏移进行检测，使其不超过设计要求。

3）调整两交叉接触线相距500 mm处两工作支水平，两接触线有一根为非工作支，则非工作支比工作支接触线抬高不少于50 mm。注意单线与双线、双线与双线的关系。方法是在保证正线接触线高度的情况下，调整邻近吊弦的长度直至达到要求为止。注意，非工作支接触线的抬高必须均匀。

4）当限制管安装位置不符合要求时，根据实测偏移及计算出的调整温度下应偏移数值和方向（或者安装曲线）进行调整。

5）交叉点处两支接触线间活动间隙不符合要求时则调整限制管，直至活动间隙符合要求。必要时应更换限制管。

6）当线岔不好引起弓网事故时，可参考定位装置故障预案处理。

7）清理现场。

城轨接触网检修工（三级）操作技能鉴定
试　题　单

试题代码：3.1.7。

试题名称：承力索断线的故障判定及处理。

考核时间：60 min。

1. 操作条件

（1）停运设备。

（2）两人辅助推梯车，一人辅助作业。

2. 操作内容

（1）故障判断。

（2）选择工器具。

（3）承力索断线故障处理。

3. 操作要求

（1）故障判断全面、到位。

（2）正确选择工器具。

（3）操作步骤规范，恢复后的设备满足技术要求。

城轨接触网检修工（三级）操作技能鉴定试题评分表及答案

考生姓名：　　　　　　　　准考证号：

1．试题评分表

试题代码及名称		3.1.7　承力索断线的故障判定及处理			考核时间					60 min
评价要素		配分	等级	评分细则	评定等级					得分
					A	B	C	D	E	
1	故障判定	10	A	找到全部故障						
			B	遗漏 1 个故障						
			C	遗漏 2 个故障						
			D	遗漏 3 个故障						
			E	遗漏 3 个以上故障						
2	作业准备	10	A	准备工作符合要求						
			B	主要工具、安全工具、测量工具缺或错 1 项						
			C	主要工具、安全工具、测量工具缺或错 2 项						
			D	主要工具、安全工具、测量工具缺或错 3 项						
			E	主要工具、安全工具、测量工具缺或错 3 项以上						
3	作业程序	20	A	符合作业程序						
			B	1 项不符合程序						
			C	2 项不符合程序						
			D	3 项不符合程序						
			E	3 项以上不符合程序						
合计配分		40	合计得分							

考评员（签名）：

等级	A（优）	B（良）	C（尚可）	D（较差）	E（差或缺考）
比值	1.0	0.8	0.6	0.2	0

“评价要素”得分 = 配分 × 等级比值

2. 参考答案

(1) 故障现象

承力索断落、吊弦断裂、腕臂偏移、支持装置损坏、下锚处坠砣下垂。

(2) 作业准备

1) 车辆：梯车2~3辆、轨道车、抢修机动车。

2) 工具：验电器、接地棒、伸缩梯、1.5 t和3 t手扳葫芦、紧线器、承力索接头线夹、断线钳、压接钳、钢丝绳、扭面器、校线器、旗杆绳、激光测量仪、常用工具、照明器具、通信器具。

3) 材料：承力索20 m、吊弦若干、铅丝、定位装置及相关零件、支持装置及相关零件。

(3) 作业程序

1) 检查接触网的受损情况，并派人员到事故锚段进行检查。

2) 准备抢修材料，制订方案，分配任务。

3) 用手扳葫芦把下锚补偿装置的坠砣拉起。

4) 在断线处用同类型的承力索用铜压管进行压接。

5) 拆除断线处（一跨或多跨）损坏的承力索底座、定位装置、吊弦、电连接线。

6) 安装定位装置，更换损坏部件，如承力索底座、定位线夹、支持器，同时调整拉出值。

7) 用铅丝或整体吊弦临时悬吊接触线，同时调整导高，必要时临时安装电连接。

8) 拆除下锚补偿装置处的手扳葫芦，使接触线承受张力。